日本軍 朝鮮人兵士

忘れ去られた37万人

川口清史
KIYOFUMI KAWAGUCHI

かもがわ出版

はじめに

京都府最南端、「お茶の京都」南山城村の静かな山あいに広がる曹渓宗《チョゲジョン》総本山高麗寺《コリョサ》の境内に、「日韓友好平和之塔」が建っている。この塔の前で、戦没した旧日本軍に動員された朝鮮人軍人軍属をはじめ、日本の朝鮮半島植民地統治下、さまざまな形で渡日し殉難した朝鮮半島出身者を追悼・慰霊し、真の友好と平和を日本と韓国・朝鮮、さらには東北アジアと世界にもたらすことを祈って、「世界平和祈願慰霊大祭」がＮＰＯ「ニッポンコリア友好平和協議会」と高麗寺の共催のもと40年にわたって開催されている。

日本は植民地として統治していた朝鮮半島と、戦後80年になるにもかかわらず、「真の友好平和」的とはほど遠い関係にある。大韓民国（以後、韓国）との関係は１９８８年小渕恵三首相・金大《キムデ》中《ジュン》大統領との間で交わされた日韓パートナー宣言後、サッカーワールドカップの共同開催、韓流ブームの怒涛のような流入、日韓ツーリズムの大幅な増大などによって劇的に改善され、「創造的日韓・韓日関係」まで語られる希望を生んだ。しかしながら、安倍晋三首相・文在寅《ムンジェイン》大統領時代に「戦後最悪」の関係に陥る。その後関係改善に向かってはいるが、主として韓国大統領のイニシアティヴによる部分が大きく、日本側からの動きはない。朝鮮民主主義人民共和国（以後、北朝鮮）との関係は、唯一の国交関係のない国のまま外交交渉も途絶えてしまっている。

日韓関係が悪化する根本には歴史認識があるが、時々に焦点となるのは日本軍「慰安婦」・徴用工など強制動員被害者問題である。ただ、日本軍「慰安婦」・徴用工とともに旧日本軍に動員された朝鮮人軍人軍属についてはほとんど注目されてきていない。日本には、殉難朝鮮人を追悼・慰霊する記念碑が全国に170余りあるという。その大半が各地で殉難した徴用工に向けられたもので、戦没朝鮮人軍人軍属に向けられたものはほとんどない。朝鮮人軍人軍属の存在が日本社会で目に見えにくい存在であったことがその原因と考えられる。

韓国においても、旧日本軍朝鮮人軍人の中に将官・佐官等「日帝協力者」が存在していたことが事情を複雑にし、「強制動員被害者」として社会的に支援することになりにくい状況があった。植民地となった国の国民が軍事動員されるという事態は過去の問題ではない。ロシアのウクライナ侵攻においてチェチェンなど、独立を目指す少数民族や、占領地のウクライナの住民が軍事動員されていると報道されている。日韓関係にとどまらず、これからの世界の平和を考えていくうえでも考えていかなければならない問題であろう。

日本軍朝鮮人兵士——忘れ去られた37万人

1．アジア太平洋戦争の進展と朝鮮人の軍事動員

日本の兵役制度と朝鮮

１８７３年、近代化の開始される明治維新からわずか6年後の１８９３年、日本は全国民に兵役の義務を負わせる徴兵制を敷き、近代日本の軍事国家への歩みを始める。徴兵制は何度かの改訂を経ながら定着し、日清戦争（１８９４～１８９５）、日露戦争（１９０４～１９０６）と日本の戦争を支えてきた。

こうした武力を背景に、１９１０年日本は大韓帝国を併合し、朝鮮半島の植民地化を果たす（「韓国併合」）。朝鮮には朝鮮総督府と朝鮮軍がおかれ、軍人による統治、いわゆる武断政治が行われた。朝鮮人は日本国籍となったが、徴兵制の対象とはならなかった。それは何よりも朝鮮人民衆の抗日意識、反植民地意識が強く、国家権力の中枢である軍隊に朝鮮人を組み込むことを恐れたからである。１９１９年には「三一事件」と呼ばれる朝鮮民衆の広範な反日・反植民地の「暴動」が朝鮮全土に広がり、７５００人の死者をだした。さらに翌１９２０年には朝鮮族が多く住む「満州」・間島地域（現、中国延辺朝鮮族自治州）でも反乱が起こり３０００人の死者を出した。朝鮮

での「兵役法の完全な実施を数十年に想定」（朝鮮軍参謀長から陸軍次官への機密文書）と、徴兵制の実施は数十年先のことと考えられていた。また、そのためには朝鮮人の日本語習得が欠かせないと考えられ、朝鮮総督府の学務局はそれを「昭和三十《ママ》五年度に…七割八分」と想定していた。つまり、「韓国併合」から50年後の１９６０年に日本語習得率が80％近くなり、その時点で徴兵制は可能、と考えていたのである。徴兵制は「内鮮一体」、つまり、日本国内と朝鮮が一体となることを目指す朝鮮統治の完成の指標でもあった。

「軍属」の散発的動員

日本は中国での戦争を徐々に拡大し、それにつれて、朝鮮人も徐々に軍事的に動員されていく。

１９３１年中国東北部、当時の「満州」奉天（現瀋陽《シェンヤン》）近郊の柳条湖《リウティアオフー》で鉄道爆破事件をきっかけとして日中両国軍が衝突する。いわゆる「満州事変」である。柳条湖の鉄道爆破事件は日本の満州駐留軍であった関東軍の謀略によるものであり、世界的に批判が高まるとともに中国各地で緊張が高まっていく。１９３２年上海に日本軍が上陸、両国軍が衝突する。この時、上海に在留していた朝鮮人２００人が「義勇隊」として日本の官憲に組織され、飛行場建設や自警団活動に従事した。この武力衝突、「上海事変」は5か月後に停戦となるが、その間、朝鮮人３人が死亡、６人が重傷を負っている。

その後、中国各地の日本軍に、軍事輸送運転手・通訳・案内・労務などに朝鮮人が動員されていく。これらの人々は「軍属」と呼ばれ、衝突のたびにこの朝鮮人軍属にも犠牲者が出た。それは当時の朝鮮統治政策として重視されていた「内鮮一体」の宣伝の好材料、「美談」としてマスコミに大きく報道された。この段階では軍属の動員はまだ散発的であり、本格的、継続的な動員は1937年の「日中戦争」とともに始まる。

日中戦争と兵力の拡充

1937年、北京《ペイチン》郊外の盧溝橋《ルーコウチャオ》で日中両国軍が軍事衝突する。いわゆる「盧溝橋事件」である。これをきっかけに日中の武力紛争は全面戦争となり、その後15年にわたって繰り広げられる「日中戦争」へと入っていく。泥沼化していく日中戦争を進めるために日本の陸海軍は急速に兵員の増強を進める。この年1937年には63万人強であった兵員は1938年には116万人、1939年には162万人と急増していく。東南アジア侵攻やアメリカを含めたアジア太平洋戦争となった1940年代にはさらに増え、終戦時、1945年には720万人にも及んだ。

1927年制定の兵役法では満20歳になった国民は徴兵義務が課せられ、徴兵検査を受けることになっていた。徴兵検査では身体検査によって身長や身体強健度を基準に、現役に適するもの、国民兵に適するもの、兵役に適さないものにふるい分けられた。さらに、現役に適するもの

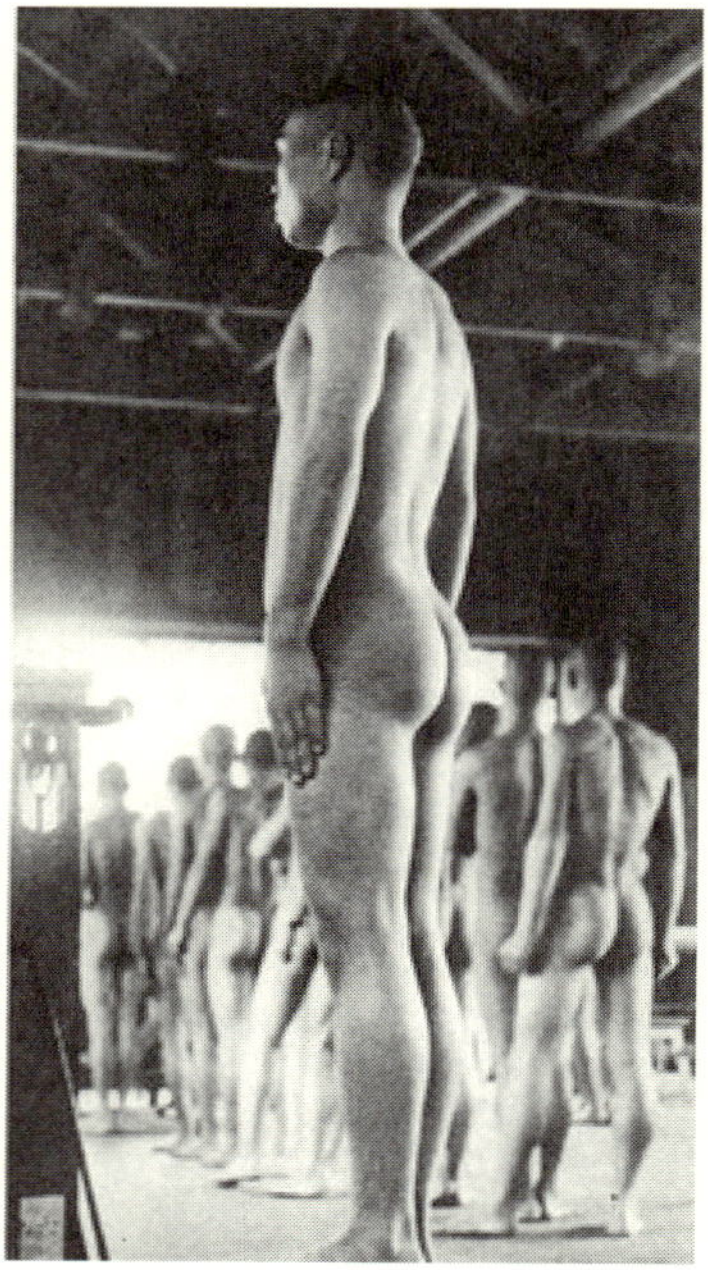

日本における徴兵検査の様子（内閣情報局『写真週報』1941 年）

も直ちに入営するものと第一補充兵、第二補充兵に分けられた。１９３７年日中戦争開始までは「甲種合格」と呼ばれた直ちに入営するものだけが現役兵として徴集されたが、日中戦争に入ると、これまで「第一乙種」と呼ばれた第一補充兵が現役徴収されるようになり、以下順次繰り上げられていく。

さらに、１９４０年には身体検査規則が改正され、検査基準が大幅に引き下げられる。その結果、身体的・精神的な疾患や障害があったものも合格とされ、現実に徴集されて戦地へと派遣されるようになった。その後の戦場での日本軍兵士の悲惨な状況はこうして作られていった。

朝鮮人志願兵制度の導入

朝鮮人を日本軍の兵員として利用するための研究は、朝鮮南部に駐留する「朝鮮軍」によってすでに1932年の満州事変以降始まっていた。先に述べたように、朝鮮の治安を担当する朝鮮軍にとって朝鮮人兵役の問題は日本軍の兵員問題であると同時に朝鮮支配の問題でもあった。1937年、盧溝橋事件の直前、朝鮮軍は陸軍省の朝鮮人兵役の問題に関する問い合わせに、「朝鮮人を志願によって現役に服させる制度創設が適当」と答えている。

志願兵制度は1938年2月、「陸軍特別志願兵令」の公布によって始まる。志願の資格は、年齢17歳以上、身長等体格基準が「甲種」、志操堅固、小学校卒業かそれと同程度などであった。朝鮮人が軍に編入されるには「朝鮮総督府陸軍志願兵訓練所」に入所し、数か月間の教育と訓練を受けることが必須であった。そしてこの「訓練所」の入所に当たっては、さらに「資産・所得調書」、居住地域の行政の責任者からの「保証書」、医師の「体格検査表」などを所轄警察署に提出し、警察署長の審査を経、その後、国語・国史・算術などの学科試験と口頭試問が行われる。ここまでが一次試験で、その合格者が訓練所長によって推薦され、朝鮮軍司令官や将校で編成された「銓衡員会」で最終決定された。このような煩瑣な手続きは、朝鮮人の日本軍への編入にいかに慎重であったかを示すものであろう。

志願兵制度の展開

こうして1938年度に開始された志願兵制度は、開始初年度の1938年度こそ志願者数

3000人、入所者数400人であったが、その後急増し、1943年には志願者30万3000人、入所者6300人になる。合格者の7~8割が小作農、学歴は8割が小学校卒業程度、平均年齢は26歳、118名が妻帯者であった。制度の当初の目論見は比較的所得階層が高い家庭の20歳未満の若者で、妻帯者は採用しないというものであったが、それは全く外れてしまった。朝鮮の知識階級・指導階級の人々は制度の導入には賛成しておきながら自らの子弟には応募させなかった、という批判さえあった。志願者・合格者の大半が貧しい小作農であった。

志願兵制度はまさに当時の朝鮮人農民の貧しさによって支えられた。当時の朝鮮農村は、経営的に成り立つとされた耕作面積一町歩以下が63%、自分の土地を耕作している自作農が20%以下だった。80%が小作であり、その小作料は収穫の7割であった。

1930年代、世界恐慌によって日本農村は窮乏疲弊し、内地の東北地方では娘の身売りさえ行われた。これが2・26軍事クーデター、さらにファシズムへと進展していく大きな契機であった。朝鮮農村は日本の農村以上に困窮していたが、それに加えて、1939年には朝鮮中南部が数十年来という大旱害に見舞われ、飢餓線上をさまよう事態となっていた。朝鮮農民にとって、軍隊への入隊は窮乏からの脱出の道に見えたのである。

加えて、志願者やその家族に様々な経済的な優遇策がとられ、入隊は新聞雑誌などでもてはやされた。障害や死亡の際の補償はもちろん、職業保障や自営業家族への資金融通、借金返済の相談などの措置がとられた。

行政機構はその単位ごとに応募者数が割り当てられ、志願者数を「愛国のバロメーター」として競争をあおられた。地域の名誉をかけて宣伝、説得さらには圧力を強化していった。このような「官辺の強制」は日本の帝国議会でも問題となり、「(強制は)なかったとは言えない」「遺憾な事例もある」との答弁となっている。ある元志願兵は「志願という名の強制だった」と述懐している。

訓練所での教育を終えた訓練生は1942年段階で約7000名に達し、その6割が上等兵に進級した。訓練所は1944年の徴兵制の実施に伴い、1943年度に廃止された。

海軍の志願兵制度は陸軍より遅れて1943年からであった。海軍は陸軍以上に兵員不足に悩まされていたが、閉じられた空間である艦船内での不服従や抵抗が艦船自体の安全を脅かしかねないとの海軍特有の危惧から、朝鮮人兵士の動員に消極的であった。制度開始当初は陸軍と同様6か月間の訓練所入所であったが、わずか半年後の1944年からは事前訓練をせず直接、教育訓練のための陸上部隊である海兵団に入り、そこで3か月間の訓練を受けるという速成の兵員補充となった。

日本での朝鮮人志願兵募集

日本では「協和会」という同化組織を通じて朝鮮人志願兵の募集、送り出しがされた。協和会は１９３６年政府によって各地の警察署ごとに作られ、在日朝鮮人に対する治安、生活統制を通じて体制に順応させる、いわゆる「皇民化」政策を担う組織であった。

しかしながら発足当初には志願者は少なく、１９４０年に大阪から送り出した志願兵はわずか3名であった。それは、先に述べた訓練所入所にいたる煩瑣な手続きがすべて朝鮮で行われ、そのため5回にも及ぶ渡航が必要で、しかもその費用はすべて自弁ということが理由であったと考えられた。１９４２年からは大阪で、１９４３年度には東京・福岡でも試験が行われるようになった。大阪での１９４３年の応募数は８９４名、受験者は７３２名、合格者は４７０名であった。東京・福岡を合わせて９００名弱が合格したと推定され、１９４３年度の入所者数全体の15％ほどを占めていたと考えられている。

もう一つの「学徒動員」

先に述べたように、日本軍は戦線の拡大・戦局の悪化・死傷者の急拡大の中で徴兵基準を切り下げ兵員の拡充を図ってきたが、同時に現地下級将校・下士官・戦闘機パイロットも不足してきた。それらを担う大学・高等専門学校などの高等教育修了者を確保するため、就学期間の短縮、

京城陸軍志願兵訓練所（1938年）

早期卒業などの措置を取ってきた。そして1943年、東条英機内閣は「在学徴集延期臨時特例」を公布、理工系学生、教員養成課程学生を除いて、在学生の徴集延期措置を停止した。いわゆる「学徒動員」である。同時に、「臨時徴兵検査規則」を制定し、病弱者である「丙種」までも入隊させた。1943年10月、東京神宮外苑競技場で東条首相自らが出席して「出陣学徒壮行会」が開催された。

出陣した学生の総数は記録焼失によって不明だが、10万人ともいわれる。見習い下士官や見習い操縦士に任用され、野戦将校・下士官の穴埋めをした。出陣した学徒兵は十分な訓練もないままに敗色濃い前線に送り出され、多くの犠牲者を出した。戦後、戦没学徒の手記が『きけわだつみのこえ』（1949、東京大学協同組合出版部）と題して出版され、その嘆き・怒り・悲しみが多くの人々の胸を打った。彫刻家本郷新《ほんごうしん》は「わだつみ像」を作成、像は立命館大学に置かれ、今も立命館大学国際平和ミュージアムの入り口に立つ。

しかし語り継がれる出陣学徒の中に朝鮮人台湾人学生がいたことはほとんど知られていない。この段階では徴兵の対象ではなかった朝鮮・台湾出身の学生に対し、陸軍は１９４３年10月「陸軍特別志願兵臨時採用規則」を公布する。直ちに募集に入るが、警察も含めた様々な圧力にもかかわらず、応募は極めて低調であった。そこで文部省はその2か月後学務局長通達を出し、各大学に、志願しない学生に自主退学を進めること、申し出がない場合には大学が積極的に休学を命じるように指示した。

当時朝鮮の大学進学者は多くはなかったし、その大半は日本内地の大学に進んだ。朝鮮には大学は官立京城帝国大学一校のみで、高等教育機関としては官立、私立の専門学校があった。１９４２年京城帝大の学生数は予科を含めて１４００人、そのうち6割が日本人、専門学校学生数は６５００人、大半が朝鮮人であった。適格者は１０００人足らずであった。

一方、日本内地で学ぶ朝鮮人学生は１９４１年、９千数百名、その大半が日本大学、明治大学中央大学など、東京の私立大学であった。適格者は４０００名ほどであった。

関西では立命館大学に比較的多くの朝鮮人学生が在籍していたが、立命館大学は文部省の指示に従い、１９４３年12月7日付で志願しない学生32名を除名とした。１９９５年、戦後50年にあたって、立命館大学はこれらの人々の名誉回復をすることを決め、１９９６年度卒業式において「特別卒業証書」を授与した。そこには以下のように記されてある。

「大学は第二次世界大戦下において貴殿に対して取った誤った措置を謝罪し平和への願いを込めて特別卒業証書を授与します」

日本が一方的に建国した「満州国」には建国大学があり、日本・漢・満・朝鮮・モンゴルの「五族協和」を建前としたことから、ここにも40人の朝鮮人学生が学んでいた。中国の上海、北京にある大学に学ぶ学生をも含めて全員が志願を余儀なくされた。

１９４４年８月段階、朝鮮人学徒兵の適格者は６２０３名、入隊者は４３８５名であった。

15歳の少年が軍隊へ・少年兵制度

こうした志願兵制度とは別に、陸海軍の少年兵制度に朝鮮人少年も志願した。日本軍は早くから速成の下士官養成機関として少年兵制度を設けていた。それには通信学校・砲兵学校・戦車学校・航空学校など技術・専門別に多様な養成学校があった。15歳から志願でき、スピード出世コースであった。ここに成績優秀な朝鮮人少年も日本内地・朝鮮から志願した。彼らは成人になる前に出陣することになる。朝鮮人特攻隊員の戦死の最年少者は17歳であった。

徴兵制の施行

１９４２年、日本政府は朝鮮における徴兵制の施行を閣議決定する。この決定は、これまで徴兵制施行に消極的で時期尚早との意見を持っていた朝鮮総督府に事前通告することもなく、その頭越しのものであった。軍はそこまで兵員確保に追い込まれていたということである。

閣議決定後ただちに実施に向けた実務的準備に入るが、まずは適格者を確定するための戸籍を整備することに始まる。朝鮮・満州・中国在住の朝鮮人の中で戸籍登録は5割に過ぎなかった。さらに問題は、日本語能力である。当時朝鮮内で日本語を解するものは約５００万人。総人口の2割に過ぎなかった。実際、朝鮮人兵士が入営した部隊では簡単な日本語教育から始めなければならなかったという。

こうした困難な中で１９４２年4月から第1回徴兵検査が行われ20万６０００人余りが受検、80％が甲種、乙種として合格している。満州でも徴兵検査が行われ1万３０００人が受検している。

日本内地での徴兵制の実施は、志願兵募集時と同様、協和会が担った。当時は戸籍の移動が認められておらず、日本在住者は「寄留届」を出さなければいけなかったが、１４０万人の居住者の5割しかこの届を出していなかった。徴兵の対象者探しから始まった日本での徴兵制実施は、徴兵適格者2万３８０９名、徴兵者２２６０名であった。この徴兵者の数字はいかにも少ないも

朝鮮人陸軍特別志願兵の行進（1943年1月）

のであった。徴兵検査は第2回が1945年に行われ、徴兵、入営は終戦間際の8月まで続いた。

軍属の採用、送出の急拡大

戦争の拡大とともに軍事要員の必要性が高まり、朝鮮人軍属の採用と送り出しが急増していく。1940年には746人であった朝鮮人軍属の送り出しは、アメリカに宣戦布告した1941年から急増し、1941年には1万6000人、1942年、1943年にはそれぞれ2万2000人、1944年には9月末時点で3万6500人となっている。これ以降さらに拡大していき、最終的に朝鮮人軍属の動員は15万5000人に及んだ。

軍事要員が必要とされたのは特に南方戦線

での基地建設と捕虜収容所の監視であった。飛行場の建設は航空戦を制するうえで決定的に重要であったが、米軍がブルドーザーなど重機械による建設であったのに対し日本軍は人力に頼らざるを得なかった。海軍は陸軍のような建設をもっぱら担当する工兵隊を持たず、民間人を軍事要員として徴用するしかなかった。帝国議会資料は、「海軍愛国作業団」として１９４４年9月までに3万２２４８名の朝鮮人軍属を送り出した、としている。それでもなお追い付かず、飛行場建設などの工事に刑務所に収容中の受刑者までも送り出し、さらに、捕虜の虐待を禁じるジュネーブ条約に違反して連合国軍の捕虜を土木作業に駆り出すことまでした。それは戦後、捕虜収容所の監視員が戦争犯罪に問われることへとつながっていく。

捕虜収容所の監視員には高い日本語能力が求められるわけではないこともあってか、南方の連合軍捕虜収容所監視員にはもっぱら朝鮮人軍属が当てられた。１９４２年9月までに陸軍の要求により「米英人俘虜監視要員」として３２２３名の朝鮮人軍属を南方戦線へ送り出している。陸軍の要求によって送出した朝鮮人軍属としては他に、北部経理部要員７０６１名、運輸部要員１３２０名（帝国議会資料）などとなっている。

朝鮮人に対する軍事動員は国家総動員法に基づく「国民徴用令」による強制的な手段が用いられた。それは日本居住者に対しては１９４２年10月から徴用がはじまり、朝鮮では１９４４年に実施された。先の帝国議会資料では、１９４４年9月までの軍要員送り出しは合計8万８２４１

名、うち、徴用によるものは3万1783名となっている。

37万人に及んだ朝鮮人の軍事動員

それでは、志願兵・学徒志願兵・徴兵、さまざまな軍事要員として戦場へ送り出された朝鮮人軍人軍属は総数で何人であったか。1956年、外務省は厚生省とすり合わせたものとして、陸軍25万7000人、海軍約12万人、合計約37万7000人とした。うち、陸軍軍人18万7000人、陸軍軍属7万人であった。海軍は軍人2万2000人、軍属8万4000人が判明している。陸軍の動員先は日本内地6万人、朝鮮9万人、満州5万7000人、中国2万1000人、東南アジア・太平洋島嶼1万7000人、他に樺太千島などの北方、台湾、船員軍属等への動員もあった。

この37万5000人のうち、氏名がわかっているものは陸軍14万4600人、海軍約10万人で、不明者が陸軍11万2800人、海軍約2万人であった。13万人余りの朝鮮人軍人軍属の氏名がわからず、したがってその生死もわからない状況であった。1962年、厚生省は朝鮮人軍人軍属の総数を陸軍14万3373人、海軍9万2341人、合計24万2341人とするデータを公表した。そして1993年、それを基に作成された朝鮮人軍人軍属名簿が日本政府から韓国政府に渡された。軍人軍属として徴用された13万人もの若い朝鮮人が姓名もわからないまま公文書から消されてしまった。

2．戦場での朝鮮人兵士・軍事要員

悲惨な戦場での日本軍兵士

アジア太平洋戦争の日本兵は、中国やアジア各国の侵略を受けた人々からは虐殺・暴行・レイプ・略奪といった残虐な集団として非難される一方で、日本では勇猛果敢、規律正しい、戦闘意欲の高い集団として語られることもあった。しかし兵士個々の目線からとらえるとき、その全体像は大きく変わる。

１９４１年12月のアジア太平洋戦争以降の日本軍兵士の戦没者は２３０万人、これには５万人の朝鮮人・台湾人軍人軍属が含まれている。これに比べて、交戦国であったアメリカ10万人、ソ連２万２０００人、イギリス２万９０００人、オランダ２万７０００人であり、日本軍の戦没者の多さが突出している。しかもこの戦没は戦闘による戦死だけではなく、むしろその多くが戦死以外の病死・餓死・海没死・自爆死・事故死・自殺・他殺などによる死亡であった。

これらの死者がいったい何人であったか。１９４５年に発表された資料では、１９４１年時点の日中戦争での戦病死は50・４％とすでに半数を超えていた。戦争が拡大し戦局が悪化するそれ

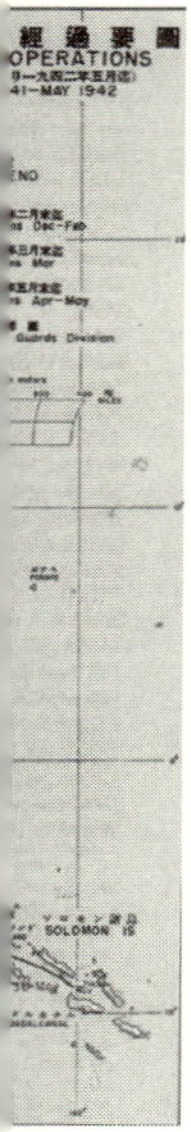

以降の全体はわからない。個々の部隊の記録では、例えば中国戦線のある部隊は戦病死の比率を１９４４年以降は73・5％としている。１９４４年10月のフィリピン防衛戦では51万８０００人の軍人軍属が戦没したが、その中の陸軍だけで見ると、直接戦闘によるものが35～40％、戦病死が65～60％、さらに、戦病死のうち悪疫によるものは半数以下で、多くが悪疫を伴う餓死であったと、陸軍衛生史は推定している。餓死者の総数の推定は、戦没者２３０万人のうちの１４０万人、61％とするものから37％、85万人とする推計まで幅があるが、いずれにせよ、あまりの多さに目を覆う。

　このように餓死が多かったのは、日本軍が補給を軽視してきたうえに制空権・制海権を失って、食糧補給ができなくなったことによる。日中戦争の当時から、自動化が遅れていた日本軍の補給体制は不十分で、進軍の速さに補給が追い付かず、食糧の現地調達、つまり現地住民からの略奪が行なわれていた。餓死が問題となり始めたのはアジア太平洋戦争敗北への大きな転機となった１９４２年のガダルカナル島戦からであった。ガダルカナルは「餓島《がとう》」とまで呼ばれた。

　餓死には至らなかったにせよ、多くの兵士が栄養失調に陥り、マラリアやアメーバー赤痢などの風土病に罹患、医療体制の不備、薬品不足の中で命を落とした。

　自殺、他殺は病気や戦傷のために動けなくなった兵士を、撤退の際その地においておくことなく殺害したもので、「処置」と呼ばれた。１９３９年のモンゴル国境でソ連と軍事衝突し、手痛

2．戦場での朝鮮人兵士・軍事要員

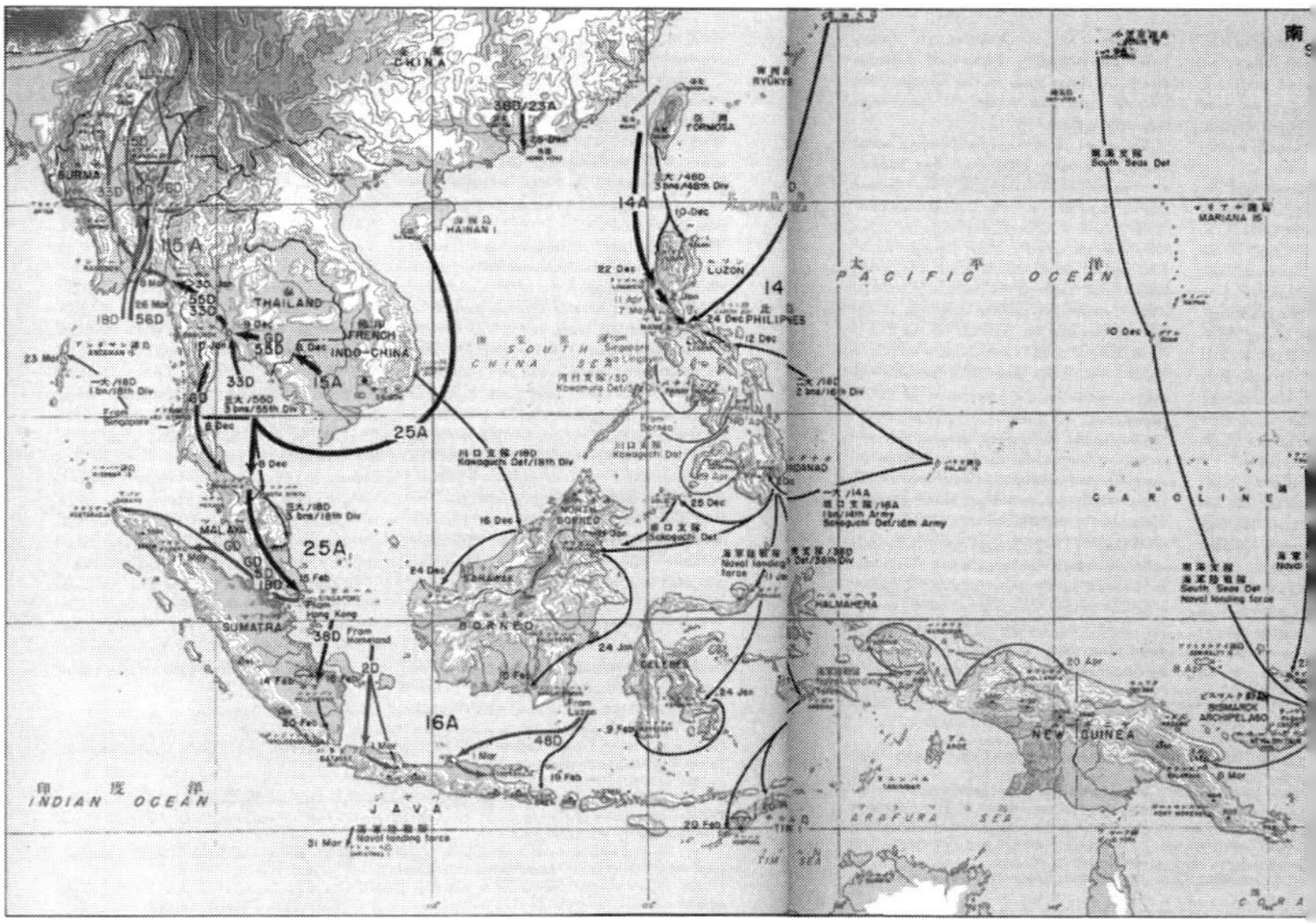

南方作戦経過要図

い敗北を喫した「ノモンハン事件」において早くも発生し、アジア太平洋戦争ではガダルカナル島からの撤退以来多く見られた。これは日本軍が守るべき徳目として定められた『戦陣訓』で、「生きて虜囚の辱めを受けず」と捕虜になることを恥辱とし、事実上禁止したことによる。これは日本も批准した、捕虜に関する国際的取り決めであった「ジュネーブ条約」に明らかに反するものであった。こうした自殺の強要、他殺はその後、北方のアッツ島、太平洋の島嶼での全滅、さらには沖縄での地上戦においては民間人まで巻き込んで行われた。

さらに海没死が35万人に上る。制海権、制空権を失った日本は多くの艦船を潜水艦攻撃や爆撃によって沈没させられ、船舶を失えば失うほど老朽化した船舶に多くの兵員や貨物を積み込み、さらに犠牲者を増やした。海軍には多数の朝鮮人軍属が動員されており、この海没死の中に多くの朝鮮人が含まれていた。

最下層に置かれた朝鮮人兵士

朝鮮人兵士の戦場での配備は独立した部隊ではなく、工務兵などの特殊な任務の場合を除いて、分散して配属された。一小隊50人のうち数人という配置であった。徴兵制の遅れと同様、朝鮮人の軍事動員への慎重さの現れである。これはイギリスがインドにおいて植民地化当初からイギリス人将校のもとにインド人部隊を編成したこととは対照的である。第2次大戦ではインド人部隊は250万人を数え、イギリス軍の主要な戦力となった。植民地統治に対する自信の差とも言えようか。朝鮮人兵士の分散配置は結果として日本軍において朝鮮人の存在を見えにくくした。戦後、多くの戦史や戦記物、記録・記憶が発表されたが、朝鮮人軍人軍属にまで触れているものはほとんどない。

日本軍の兵営の中は作家野間宏が小説『真空地帯』（1952年、河出書房）で描いたような理不尽な暴力、いじめ、リンチが日常茶飯に行われていた。その対象の多くは初年兵であったが、戦争末期に動員された朝鮮人兵士の多くは初年兵であり、それに言葉の訛りなどをきっかけに民族差別が加えられて、まさに過酷な日常に置かれた。

先に述べた日本人兵士の戦場の悲惨な状況は最下層に置かれた朝鮮人兵士においても同様であった。特に朝鮮人兵士の場合は脱走や敵に通じる行為への警戒から一層厳しい状況に置かれた。

脱走と「奔敵」

朝鮮人兵士の脱走は、失敗事例も多かったが、日本軍の悩みでもあった。とくに、1944年以降徴兵された朝鮮人兵士は日本語を話せず、集団生活にもなじんでいない農民が中心であり、軍隊生活を忌避する傾向が強かった。多くの場合、彼らのように兵営での生活に耐えられず、死への恐怖から自然発生的に、個人あるいは集団で脱走することになった。

こうした自然発生的な脱走だけではなく、意図的計画的な脱走もあった。それは多くの場合、民族意識を持ち、植民地支配や戦争に批判的な意見を持つ学徒兵によるものであった。1944年10月に発覚し、失敗に終わった「平壌義挙事件」はその一例である。隊内での暴力や侮蔑、昇進試験での露骨な民族差別で学徒兵たちの中に不満が渦巻いており、日本の敗色が濃いとの情報が流れるに至って、彼らは「民族と国家のため名分ある死に方」を志し、「満州にわたり朝鮮独立軍に合流する」計画を立てることになった。この計画は朝鮮人補助憲兵の知るところとなり、平壌駐在のすべての部隊にいた学徒志願兵200人が逮捕された。

志願するときから、脱走し敵陣営に加わって日本軍と戦うことを計画した事例もある。これは中国戦線に配置された学徒兵に多発した。脱走に成功した朝鮮人学徒兵は中国軍あるいは八路軍（中国共産党の軍事組織）に加わり、朝鮮人兵士あての脱走と日本軍への抵抗を呼びかける宣伝を行った。脱出の道筋がつけられ、脱出に成功した学生が200名、途中で「土匪《どひ》」にとらわれるなど挫折したもの数十名、失敗して連れ戻されたもの200名であったという。それは中国前線に配置された朝鮮人学徒兵2000名の4分の1弱にあたる。南方戦線では航空機からハングルによる投降呼びかけのビラがまかれ、それに呼応するものもいた。

李佳炯《イガヒョン》『怒りの河』

李佳炯『怒りの河—ビルマ戦線狼山砲第二大隊朝鮮人学徒兵の記録』（1995、連合出版）は数少ない朝鮮人兵士によるまとまった戦争体験手記である。ノンフィクションの手記とはいえ、細部には若干のフィクションも含め小説風に書かれていることもあって、極めてリアルに戦場の実態が浮かびあがっている。

李佳炯は1921年全羅南道木浦《チョルラナムドモッポ》生まれ、熊本の旧制五高を経て東大仏文科在学中に陸軍志願兵となった。志願したのは、社会主義運動にかかわったという嫌疑がかけられ刑務所か志願兵かの選択を迫られたからであった。ビルマ戦線に送られ、九死に一生を得、1年間の捕虜生活の後、韓国帰国、文学の大学教授を務めた。

ビルマ（現ミャンマー）の戦いはアジア太平洋戦争の中でも最も悲惨な敗北の戦いであった。日本軍の退却路は「白骨街道」「靖国街道」と呼ばれ、まさに死屍累々たるものであったという。戦後、竹山道雄『ビルマの竪琴』（1948、中央公論社）で広く知られるようになった。その主要な作戦「インパール作戦」は「失敗の研究」の重要な教材にすらなっている。

李佳炯は1941年1月入隊、5か月の訓練後、陸軍二等兵として釜山港《プサン》を出発する。シンガポールへの1か月間の船上が早くも地獄への入り口であった。東シナ海、南シナ海の制空権、制海権はすでに奪われており、米軍の潜水艦攻撃や空からの爆撃におびえながらの移動であった。4000トンの老朽化した貨物船に5000人の兵員が詰め込まれ、甲板は糞尿であふれ毎日その掃除に追われる。手洗いの水さえ支給されず、疫痢が流行、多くの兵員が罹患してしまう。病気と精神的緊張の中、早くも自殺者が出る。

シンガポールから前線まで列車と徒歩で移動するが、途中マラリアに罹患、アメーバー性赤痢にもかかり、半分意識を失いながら部隊から落伍、何とか追いつくが、前線ではイギリス軍の砲弾に逃げ惑う。退却となるが、その道中でもビルマ人抗日独立ゲリラの攻撃に怯えながらであった。降伏、武器引き渡しの後、捕虜収容所に送られ、翌年、朝鮮人慰安婦、捕虜収容所監視員らとともに帰国した。部隊には5人の朝鮮人学徒兵がいたが、そのうち2人はマラリアで病没、2人は脱走しイギリス軍に投降。帰国したのは李佳炯1人であったという。

ニューギニア戦の朝鮮人兵士

ジャーナリスト林えいだいはアジア太平洋戦争においてもっとも悲惨といわれたニューギニア戦に送られた朝鮮人兵士6人の証言を取材している。ニューギニア島は日本から南方5000キロ、山岳地帯の熱帯ジャングルという過酷な自然環境にあった。ここに日本軍は1942年に上陸し敗戦まで戦い続けた。20万人の日本軍将兵が送られ、生還したものはわずか2万名であった。この中で朝鮮人兵士は2000人、生還者はその5%に満たなかった。「ジャワは天国ビルマは地獄、死んでも帰れぬニューギニア」とまで言われた。

制海権制空権を失った日本軍にとって、戦いはむしろ飢餓との戦いであった。中国戦線のように現地住民からの略奪すらできない環境下、人肉食すら横行したという。このおぞましい体験を生還した6人の元朝鮮人兵士たちが語っている。

北方部隊の朝鮮人兵士

日露戦争によって領土とした南樺太（現サハリン）、千島そして北海道は満州のソ連国境とともにソ連軍と対峙するもう一つの前線であった。ここに、朝鮮人兵士5000人、軍属7000人が送り込まれた。当時南樺太には日本人38万人、朝鮮人2万3000人が居住していた。ソ連軍は1945年8月10日国境を越え、全面戦争となって、南樺太は沖縄に続く地上戦の戦場となった。パニックとなった住民たちによる朝鮮人の集団虐殺もあった。沖縄と同様、民間人が徴用され、朝鮮人民間人もまた軍属として徴用されていった。

沖縄戦と同様凄惨な戦闘が繰り広げられ、その日本側の犠牲者は戦死者8万人、民間人の死者24万人といわれるが、実際にはわかっていない。朝鮮人軍人軍属、住民の犠牲者が何人に上るかは全くわかっていない。遺骨はほとんど収集されることなく、今なお放置されている。

終戦後、日本人住民の日本引き揚げはすすめられたが朝鮮人は残された。朝鮮人の帰還は戦後長く課題として残り、現在のロシアとなったサハリンには朝鮮系住民の子孫がなお多く居住して

1945年4月、知覧から出撃する第20振武隊（特攻隊）の一式戦闘機「隼」

いる。

朝鮮人特攻隊員

高麗寺にはかつて納骨していた朝鮮人軍人軍属の遺骨1360柱に替るものとして、氏名の書かれた木製の標柱が納められている。その標柱の中に河田《かわた》清治《せいじ》の名前がある。河田清治は本名盧龍愚《ノヨンウ》。京城府出身、京城法律専門学校在学中、陸軍特別操縦見習い士官の第1期生に志願した学徒兵、陸軍少尉であった。1945年5月29日、静岡県大井川上空でB29爆撃機に体当たり、戦死した。

特攻隊とは爆弾を搭載した航空機による艦船などへの体当たり攻撃を主として、モーターボートによる水上攻撃、1人乗り潜水艦による水中攻撃などがあった。1944年、フィリピン防衛戦で採用され、その時の名称「神風《しんぷう》特別攻撃隊」から「カミカゼ」

として知られる。1945年3月からの沖縄戦では主要な戦法となった。戦死者は3843人、撃沈した艦船は小型艦船を中心にわずか47隻であった。そしてこの4000人に及ぶ特攻隊員の中に、河田清治のような朝鮮人学徒が20人近くいた。特攻隊の出撃基地であった鹿児島県の知覧には特攻平和会館が建設され、そこから出撃した1400人余の氏名が掲げられていて、その中に11人の朝鮮人の名前がある。この11人の朝鮮人特攻隊員を記録したドキュメンタリー『十一人の墓標』が鹿児島県の南日本放送局で1985年に制作されている。

特攻はアメリカやヨーロッパの軍隊からは人命を顧みない残虐な戦法との非難を受ける一方、日本では潔い自己犠牲として美化されロマンとして語られてきた。それだけに、韓国での朝鮮人特攻隊員を見る目は厳しく、「民族反逆者」という憎悪の対象ですらあった。河田清治の遺骨は2000年、遺族の申し出により返還の動きがあったが、特攻隊員の遺骨は返還されるべきではないとの政治的論争の中で実現せず、その返還は2006年まで待たなければならなかった。

日韓の文化交流に熱心に取り組んできた女優の黒田福美はある特攻隊員の慰霊碑を韓国の寺院に建立し、その除幕式を試みたが住民の反対運動にあって中止せざるを得なかった。慰霊碑は撤去された。この慰霊碑の対象は映画『ホタル』（2001、降旗康男監督、高倉健主演）のモデルといわれている光山文博少尉である。光山文博は本名卓庚鉉《タクキョンヒョン》、立命館中学を経て京都薬学専門学校（現京都薬科大）を卒業、陸軍見習い操縦士官に志願し、知覧から出撃した。出撃前に「アリラン」を歌ったとのエピソードが残されている。

「兵」として戦死した朝鮮人軍属

海軍に基地建設のために多くの朝鮮人が軍属として動員されたことはすでに述べた。それは陸軍の工兵の代替であり、軍属は単なる労務要員ではなく、兵として用いられたのである。そこでは軍属もまた、兵士と同様、戦闘による戦死や病死の危険にさらされていた、ということである。事実、先に引用した1944年10月の「帝国議会資料」では、「現在までに直接戦闘に起因して死没せる者約7300名」と報告している。

そして続けて「この中にはタワラ・マキン両島における玉砕者約1200名を含む」と付け加えている。1943年11月、ギルバート環礁にあるタワラ島を基地とする日本軍とアメリカ軍との戦闘が展開された。日本軍は4600名、アメリカ軍は1万8600名の戦力であった。4600名の日本軍のうち、直接の戦闘員は2600名、残り2000名の大半は基地建設のための労務者を中心とする設営隊で、そこに多くの朝鮮人軍属がいた。4日間の血みどろの激戦の後、日本軍は全滅する。生き残って捕虜となったのは重傷のため自決すらできなかった20名足らずの士官・下士官と129名の朝鮮人軍属であった。

マキンはタワラとおなじギルバート環礁の小島でほとんど同時期の戦闘であった。日本兵は約

７００名、その中に大半が軍属からなる設営隊が３４０名、うち朝鮮人軍属２００名が含まれていた。戦死者は、軍人３５２人・軍属２３６人うち朝鮮人96人。生存者は、軍人１人軍属１０４人、軍属の全員が朝鮮人であった。

１９４５年2月から3月にかけて戦われた硫黄島は玉砕の島として、日米両国で、ノンフィクション・ドキュメンタリー・映画など多く語り継がれている。日本軍の戦力は陸海両軍合わせて2万１０００名、この中には海軍設営隊があり、そこに朝鮮人軍属が含まれていた。アメリカ軍は海兵隊6万１０００人と１１７艘の艦船からなる艦隊であった。戦闘の結果、日本軍の死者は2万人、捕虜となったもの１０００人であった。大本営は１９４５年3月硫黄島「玉砕」と発表した。

朝鮮人軍属は、主に、横須賀海軍施設部から何度も木造船で送り出され、その総数は１０００人を下らないと考えられている。当時の新聞は「半島《ママ》勇士も斬り込む」との記事を載せ、朝鮮人軍属が軍刀を持たされ戦闘に参加させられたことを伝えている。日本軍は島の各所に地下壕を掘り、ここを出撃拠点としていた。アメリカ軍はこの地下壕を爆破し、日本兵６０００名が生き埋めになった。地下壕は朝鮮人軍属の労務によって建設されたものであり、地下壕の中にその建設に携わった朝鮮人軍属もいたことは確かである。

2万2000人を超える朝鮮人軍人軍属の戦死

1956年、外務省は朝鮮人軍人軍属の総数を37万7000人とすると同時に、その死亡者数を陸軍9919人、海軍は暫定値で1万3226人、合わせて2万2345名とした。1953年厚生省復員局が作成した資料によると、日本国内・朝鮮半島・「満州」・中国・台湾・東南アジア・太平洋諸島とアジア太平洋戦争が戦われたすべての地域で朝鮮人軍人軍属が死亡している。とりわけ突出しているのは海軍軍属の中部太平洋での死亡2910人である。陸軍では軍人のフィリピン1823人、南方1730人の死亡が目立って多い。

彼らの姓名は『旧日本軍朝鮮半島出身軍人・軍属死亡者名簿』として公刊されている。アジア太平洋戦争での朝鮮人・台湾人の戦没者は5万人（台湾人2万8000人、朝鮮人2万2000人）と言われているが、13万人に及ぶ氏名不詳の朝鮮人軍人軍属がいることも含め、さらに多くの戦没者がいたと推測される。

3．敗戦後の朝鮮人軍人軍属

復員、引き揚げ、帰国

１９４５年8月15日、日本の敗戦の日から兵士たちの復員、引き揚げが始まった。１９５３年に発表された厚生省復員局の資料では、陸軍で復員したものは軍人9万６７４２名・軍属4万６７５８名、海軍では軍人帰還者2万８４２名・復員済１１５２名・軍属帰還者6万５３９名・復員1万６８５６名となっている。

日本政府の朝鮮人軍人軍属についての方針は、ただ、早期に優先して送還するというものであった。当局の中には組織的な反乱や暴動を恐れる向きもあったが、そうした事態は起こらなかった。部隊の解散後、当月分の給与と交通費を渡され帰国が促された。帰国を急ぐ人たちの中には占領軍や政府の手配を待つことなく自分たちで手段を講じて帰国した人も多数いた。

外地で終戦を迎えた朝鮮人軍人軍属は連合国軍による組織的な朝鮮への直接送還であったが、日本国内では敗戦後の混乱の中で帰国自体、様々な事件や事故といった困難の中で進められた。その中で最大の悲劇は「浮島丸」の爆発沈没であった。

浮島丸の悲劇

１９４５年8月24日、敗戦の日から10日もたたないとき、その事件はおきた。浮島丸の沈没事故である。青森県の海軍大湊警備府を出港した浮島丸は、目的地を釜山としながらも実際には舞鶴に向かい、舞鶴港入り口で爆発沈没した。日本政府は乗客３７５３名・乗員２５５名、うち乗客５２４名・乗員25人が死亡。爆発は舞鶴港沖に設置されていた機雷に触雷したもの、とした。しかしながら犠牲者や遺族からは乗客は数千人、したがって死亡も政府発表よりもはるかに多く、爆発原因も乗員による自爆の可能性がある、と主張され、補償をめぐる要求は進展していない。

乗客は青森県で働いていた朝鮮人徴用労働者とその家族と考えられており、女性、子どもも含まれていた。大湊は海軍の日本海側の要衝であり、そこには軍属もいた。日本政府は乗船者名簿を公開しておらず、その人数もどのような人々だったかもわかっていない。死亡者は、大湊海軍施設部長名、9月1日付で、死亡者５２４人、うち朝鮮人４１０人、施設部以外の朝鮮人１１４人と発表された。死亡者の多くは海軍施設部の朝鮮人、すなわち朝鮮人軍属であった。しかし、地元で遺体引き揚げ作業に協力した人々は、9月1日以後も何日も続いて遺体が浮かび上がり、その処理と埋葬に追われたと述懐しており、死亡者はさらに多いのではないかと推測されている。

生存者と遺族は事件の解明、謝罪と補償を求め、１９９2年京都地裁に提訴、２００4年最高裁で原告敗訴となったが、運動は継続している。２０８柱の遺骨が返還されることなく、東京の

浮島丸殉難 79 周年追悼集会（2024 年 8 月 24 日）。京都朝鮮中高級学校合唱部による追悼歌「はまなすの花咲きそめて」演奏。「浮島丸殉難者追悼の碑」前で（提供：猪飼野セッパラム文庫）

祐天寺に保管されており、浮島丸事件はまだ続いている。

犠牲者を追悼する取り組みもつづいている。市民運動と行政の協力でできた「浮島丸殉難者追悼公園」に建てられた「浮島丸殉難者の碑」の前で、毎年８月24日に慰霊祭が行われている。１９９５年には映画『エイジアンブルー　浮島丸サコン』（監督　堀川弘通）が市民運動によって制作され上映されている。

シベリア抑留

１９４５年８月９日、ソ連が対日戦に参戦し「満州」国境を突破、中国東北部から朝鮮半島北部まで占領下においた。８月15日降伏した関東軍57万５０００人が捕虜となり、シベリアへ連行された。シベリア、さらにはソ連各地で強制労働に従事させられ、過酷な生活・労働環境の中で10%を超える5万8000人が死亡したとされる。1947年から順次帰国が始まり、1956年に集団帰国が終了した。「シベリア抑留」として、広島・長崎の被爆、東京・大阪などの空襲被害と並ぶ、第二次世界大戦の「被害」として日本人の記憶に強く焼き付けられている。

しかし、このソ連軍の侵攻による激しい戦闘とその後の「シベリア抑留」に朝鮮人兵士がいたことは語られることも知られることもなかった。1944年後半から1945年にかけて徴兵された朝鮮人兵士は、南方へ送られるものもいたが、手薄になった関東軍を補充するために満州にも多くが送られた。ソ連軍の侵攻に備えて関東軍は満州南部、新京《しんきょう》（現長春《チャンチュン》）と奉天《ほうてん》（現瀋陽《シェンヤン》）を結ぶラインを防衛線とし、初期に徴集された朝鮮人志願兵はその内側に配備された。国境沿いに配備されたのは新たに徴兵された朝鮮人兵士であった。訓練も受けず、ほとんど武器すらない中で、ソ連軍の戦車部隊に蹂躙される。体に爆弾を巻き付け戦車に体当たり攻撃することを命ぜられ、退却すれば日本人下士官が銃で撃つという極限状態で多くの戦死者を出した。

捕虜となり、シベリアに抑留された朝鮮人のその数も3000人とも、1万5000人ともいわれ、正確な数値は不明、死者数もわからない。全体の数値から推し量れば、少なくとも300人の死者がいたことになる。朝鮮人抑留者は、日本人と同様過酷な強制労働に従事させられただけではなく、収容所内に残された旧日本軍の階級差別の末端に置かれていた。

１９４８年、朝鮮北部の興南港《フンナム》に２３１５人の朝鮮人抑留者が集団帰還する。その中の５００人が銃撃の恐れもあった38度線を徒歩で越えて韓国に帰国した。帰国後の彼らは何の補償も保障もないばかりでなく、朝鮮戦争やその後の朝鮮半島での緊張関係の中で、「北のスパイ」「共産主義者」を疑われ、警察の監視下に置かれるなど、困難な生活を余儀なくされてきた。シベリア抑留朝鮮人軍人が韓国政府から強制動員被害者として公に認定されたのは、戦後60年となった２００５年であった。韓国では今日なお「シベリア抑留」の認知度は低く、社会的関心が寄せられている状況ではない。

その後日本に渡航した人たちもおり、日本の賠償請求裁判が１９９０年代に2件提訴され、いずれも却下、棄却されている。日本では長い帰還者の運動の結果、「シベリア特措法」が成立、生存者7万人に対して特別給付金が25万円から15万円の範囲で支給された。それは要求とは程遠いものであったが、そこには国籍条項があり、韓国籍・朝鮮籍のものは排除された。

多数を占めていた朝鮮北部や旧「満州」出身者は北朝鮮、あるいは中国に帰還したと考えられるが、彼らのその後については全くわからない状況が今も続いている。

朝鮮人「シベリア抑留者」は、徴兵による戦争体験、抑留生活、危険な帰国、帰国後の冷遇、と「最も悲惨な被害者」とすら言われる。２０１０年、ＮＨＫは彼らを描くドキュメンタリーを放映する。そのタイトルは『朝鮮人皇軍兵士─遥かなる祖国』。シベリア抑留者にとって帰国しても祖国はなお遠かった。「自分の人生は何だったのだろう」という救いのない問いとともに、彼らの人生が映し出される。このドキュメンタリーはＮＨＫアーカイヴでユーチューブなどを通して視聴できる。

戦犯に問われた朝鮮人軍人軍属

日本は敗戦とともにその戦争犯罪を問われた。それはＡ項：平和に対する罪、Ｂ項：戦争犯罪一般、Ｃ項：人道に対する罪に分類された。Ａ級戦犯はよく知られた極東軍事裁判で裁かれた東条英機ら戦争指導者たちだったのに対し、ＢＣ級戦犯は世界各地で将校から軍属まで５７００人が有罪となった。この中に朝鮮人が１４８人、台湾人が１７８人いた。１４８人のうち、軍人は２人、１４６人が軍属だった。死刑となったものは総数９８４人であったが、朝鮮人23人・台湾人21人であった。Ａ級戦犯で死刑になったものが７人であったことを見れば、これは決して小さなものではない。

戦犯に問われた朝鮮人の中で軍人の１人は、フィリピン俘虜収容所長としてその責任を問われた洪思翊《ホンサイク》中将である。もう１人は志願兵で、フィリピンでのゲリラ処刑の罪に問われた。１４６人の軍属のなかで１２９人が俘虜収容所監視員であり、16人が中国での通訳、１人が朝鮮人の警察官であった。16人の通訳は全員、中国で国民党政府によって裁かれ、８人が死刑となった。裁

泰緬鉄道建設現場の朝鮮人捕虜監視員（後列左端が李鶴来）。（提供：韓国・朝鮮人元BC級戦犯者「同進会」を応援する会）

判資料もなく、遺骨も不明である。

戦争末期、朝鮮半島から３２２４人の青年が南方に送られ、俘虜監視員となった。朝鮮人軍属を俘虜監視員として徴用したのは、日本語コミュニケーションをそれほど必要としないという実際的理由もあったではあろうが、日本の欧米に対する優位性を朝鮮人に見せつけるという政策的意図もあった。

ドイツ・イタリア軍による連合軍捕虜の死亡者が14％であったのに対し、日本軍での捕虜の死亡者は27％であったことからも日本軍の捕虜処遇がいかに劣悪であったかがうかがえる。劣悪な捕虜の処遇は「ジュネーブ協定」の違反であり、「ポツダム宣言」においても捕虜処遇についての日本の戦争責任を問うことが決められていた。暴力や虐待が横行する俘虜収容所で俘虜たちと直接向き合い、暴力や虐待を日常的に直接ふるったのは朝鮮人監視員であった。収容所監視体制の中で最下層に置かれ、暴力や虐待を躊躇すれば自らが罰せられる、という状況に置かれていたが、イギリス・オランダ・オーストラリアといった連合国軍の捕虜たちの憎悪の対象となった。日本軍の劣悪な捕虜処遇、虐待の責任が朝鮮人に押し付けられたことになってしまったのである。

映画『戦争にかける橋/The Bridge on The River Kwai』（1957、デヴィッド・リーン監督、英米合作）はタイとビルマを継ぐ泰緬鉄道建設に連合国軍捕虜が動員されたという事実に基づいている。泰緬鉄道建設にあたっては連合国軍捕虜5万5000人、アジア人労働者7万〜10万人、朝鮮人軍属800人が動員された。その中で、例えば、タイ俘虜収容所第4分所の場合、俘虜1万1000人を日本人下士官17人、朝鮮人軍属130人で管理した。現場は熱帯ジャングルで、それをほとんど人力で切り開いていき鉄道を敷設する奴隷労働であった。マラリア・アメーバー赤痢などの伝染病・事故、加えて食料不足といった過酷な状況の中で5万5000人の俘虜のうち1万3000人、アジア人労働者3万人が死亡した。

日本が受け入れた降伏文書、ポツダム宣言には「捕虜を虐待したものを含む一切の戦争犯罪人に対する処罰」が含まれている。連合国各国はこの「虐待」を細かく規定し、BC級戦争犯罪にあたるものとして、「正当事由に寄らない暴力の行使」、「食物、飲料水の不十分な供給」、「不健康もしくは危険な作業への使用」が含まれた。連合国は帰還にあたって朝鮮人を日本人とは別に集結させ、直接その出身地へと送還したが、戦犯を疑われた収容所監視員についてはそうはならなかった。「戦争犯罪に関する限り、朝鮮人は日本人として取り扱われる」との申し合わせがイギリス、オランダの当局者間で交わされた。

アジア各地で連合国各国による裁判が開かれた。裁判とはいえ、弁護人が付いて正式に形式が整えられたといえるものかどうかは問題であった。有罪判決を受け、死刑となったものは現地で処刑された。死刑を免れたものは東京に送られ、連合軍が管理するスガモプリズンに収容された。１９５２年4月「サンフランシスコ講和条約」が発効し、日本は独立国となったが、条約11条で、戦争犯罪によって拘禁されている「日本国民」は刑を執行する。と定められた。この時、日本政府はこの条約11条を執行するための法律を定めたが、「日本国民」としていた条約文章を変え、拘禁されている「者」として、朝鮮人・台湾人を釈放することをしなかった。朝鮮人台湾人は日本国籍を失ったにもかかわらず、条約上の「日本国民」として扱われ、日本管理となった巣鴨刑務所に引き続き拘禁されることになった。この時朝鮮人29人、台湾人１人が拘留されていた。彼らは6月、釈放を求めて訴訟を起こす。裁判はなぜか直ちに最高裁に送致され、わずか3回の審理で1か月後に棄却された。これに対し韓国外務部は「彼らは自動的に韓国籍を回復しただけでなく、対日平和条約の規定に基づいても日本人ではない。彼らを戦犯として取り扱うことは違法である」との談話を出した。

韓国・朝鮮人戦犯の釈放は１９４７年から徐々に進められ、１９５７年まで続く。釈放後の生活はある意味、刑務所以上に厳しいものがあった。支給されたのは旅費２００円、支給された軍服等一切売り払って３０００円。朝鮮から南方に送られた俘虜収容所監視員など、親戚家族はもちろん知り合いさえいない外国の日本で路上に抛り出されたのである。しかも、のちに触れるように、日本の旧軍人への公的補償からも排除された。その中で、絶望し苦しさの中で自殺する人も現れた。1955年、70名の人が集まって、韓国・朝鮮人元BC級戦犯者「同進会」を結成、親睦と相互扶助、政府等への補償の要求を掲げて今日まで運動を続けている。

BC級戦犯の存在とその悲劇は日本ではテレビドラマ『私は貝になりたい』(1958年、橋本忍脚本、フランキー堺主演)でよく知られるようになった。しかしそこに多くの朝鮮人台湾人がいたことは今日なお知られていない。

韓国において戦犯は長く「日帝協力者」とみられ、強制動員被害者として認定されたのは2006年であった。なお韓国政府の支援は不十分であり、2014年には憲法裁判所に政府の不作為をただす訴願が出されている。

旧日本軍朝鮮人士官・将校の戦後

旧日本軍朝鮮人軍人の中には、志願兵や徴兵のような徴用されたものばかりではなく、職業軍人としての将校や士官もいた。その最高位は、先に触れた洪思翊中将であった。戦犯として処刑された洪中将など2名を除いて、士官たちも朝鮮に帰還する。

1946年アメリカ軍は統治していた南朝鮮に朝鮮国防警備隊を組織し、それは1948年大韓民国発足とともに大韓民国軍となった。この警備隊・軍の発足にあたって中心となったのが、旧日本軍・旧満州国軍出身将校・士官であった。韓国軍は１９５０年からの朝鮮戦争、１９６０年の軍事クーデターとその後の軍事独裁政権と、１９９０年代初めまで韓国政治社会を動かす中心にあった。旧日本軍出身者は一貫してその中枢にいた。

韓国陸軍の歴代参謀総長は、陸軍士官学校卒で日本陸軍大佐を務めた初代参謀総長李應俊《イウンジュン》から第18代金桂元《キムゲウォン》まで、１９４８年から１９７９年まで日本軍もしくは満州国軍出身者で占められている。その中には後に国務院総理を務めた丁一権《チョンイルグォン》もいる。丁一権は満州国陸軍士官学校を経て日本陸軍士官学校に学び、満州国軍少尉で終戦を迎えた。

旧日本軍出身者の中で最も重要な人物は、１９６０年の軍事クーデターを主導し、１９６１年から１９７９年に暗殺されるまで軍事独裁政治を敷いた朴正熙《パクチョンヒ》である。朴正熙は１９１７年慶尚北道の貧農家庭に生まれ、満州国軍官学校（日本の陸軍士官学校に相当）を卒業して満州国軍少尉に任官、モンゴルで中国軍・八路軍に対峙して、中尉で終戦を迎える。１９４６年帰国後朝鮮警備士官学校を経て、朝鮮国防隊少尉になる。その後、韓国陸軍で出世の階段をのぼり、１９６０年、クーデターを主導した時には少将であった。この出世の過程で、旧日本軍出身者のネットワークが生かされていたと言われている。１９６１年、国家再建会議議長、１９６３年第三共和国で大統領に就任し、いわゆる開発独裁を進める。重化学工業化、農村近代化、日韓基本条約の締結を進めると同時に徹底した民主化運動の弾圧、民主主義の蹂躙を進めた。１９７９年、側近であった中央情報部長の金載圭《キムヂェギュ》に拳銃で撃たれ死亡する。皮肉なことに、金載圭も旧日本軍陸軍士官学校の出身であった。

弾圧されてきた民主化運動の担い手たち、その後の進歩派の人たちにとって、朴正熙を先頭とする過去の植民地支配を引きずる旧日本軍の将校・士官たちは「清算すべき」対象であった。朴正熙暗殺後の韓国政治においても長女の朴槿恵《パククネ》が大統領に就任するがその後市民運動によって辞職に追い込まれるなど、朴正熙とその過去は政治闘争、市民運動の大きな焦点であり続けている。

２００２年大統領となった民主化運動を経験した進歩派の盧武鉉《ノムヒョン》は２００５年「過去清算」を打ち出す。それによって、徴用工、慰安婦などとともに、旧日本軍軍人軍属にもようやく光が当てられて強制動員の被害者であると認められ、支援の対象となる。と同時に、いわゆる「親日清算法（日帝強占下親日反民族行為真相究明特別法）」が成立し、朴正熙を含む旧日本軍の将官・下士官の行為が糺されることにもなった。「親日人名事典」では「親日軍人」は２１３名とされた。今日なお、韓国社会では一口に旧日本軍軍人といってもそこには37万人に及ぶ被害者ばかりではなく、２００名あまりの「加害者」あるいはその「加担者」も含まれる。そこに、徴用工や慰安婦問題とは異なった、「旧日本軍軍人軍属問題」が広範な世論になりにくい状況がある。

4．戦後補償から排除された朝鮮人軍人軍属

路頭に抛り出された朝鮮人兵士・軍事要員

１９４０年代後半から１９５０年代半ばにかけて、日本各地の繁華街の街頭あるいは電車の中に軍帽・白衣の着流し姿で軍歌を流しながら募金を訴える手や足・眼を失った「傷痍軍人」の姿があった。今70代後半以上の人は幼いころ眼にした、戦争の悲惨さを体現したようなその姿を今も覚えているであろう。しかし、その大半が朝鮮人であったことは全く知られていない。この事実を知った映画監督大島渚はドキュメンタリー『忘れられた皇軍』を製作し、１９６３年、日本テレビで放映された。戦後18年もたったこの時点でも、朝鮮人傷痍軍人たちはなにも補償されず募金を頼りに暮らしていた。ドキュメンタリーでは彼らの組織「元日本軍在日韓国人傷痍軍人会」の政府への要請・街頭宣伝、そして日常生活が描かれる。やり場のない怒り・憤り・恨み・悲しみを仲間同士でぶつけ合うしかない姿も赤裸々に映し出される。「皇軍」とは、日本軍を天皇の軍隊として誇らしげに呼ぶ言葉である。この悲惨な朝鮮人傷痍軍人もまたこの「皇軍」の一員であったのである。ドキュメンタリーは、最後に「日本人よ、私たちよ、これでいいのか」と

街頭で募金活動を行う傷痍軍人、その大半が韓国・朝鮮人であった

問うて終わる（このドキュメンタリーは現在ユーチューブで視聴できる）。

なぜ朝鮮人だけがこのような悲惨な状況に置かれたのか、それは軍人軍属に対する戦後補償から朝鮮人・台湾人が除外されたからである。

日本では早くから退役した軍人軍属には比較的手厚い年金、軍人恩給があり、支給されてきたが、日本を占領した連合軍司令部ＧＨＱは直ちにそれを廃止した。一方で、傷痍軍人軍属に対する傷病恩給は残され、それは当時日本国籍を有していた朝鮮人軍人軍属も対象となって受給していた。

１９５２年4月28日、日本はサンフランシスコ講和条約を結び、占領から解かれた。条約はその当日に発効し、同時に、朝鮮人・台湾人は日本国籍を離脱させられることとなった。施政権を復活した日本政府は直ちに「戦傷病者戦没者等援護法」を制定した。ここで、旧日本軍の傷痍軍人軍属及び遺族は年金を受給することができるようになった。しかし、ここでは「付則」として「戸籍法の適用を受けないものについては、当分の間、この法律を適用しない」として国籍離脱した朝鮮人・台湾人を除外した。１９５３年に復活した恩給法においても、その第9条で恩給の権利を失う場合を列挙し、その3項で「国籍を失いたるとき」を挙げる。「援護法」はその第1条目的の中で「国家補償の精神に基づき援護する」と述べるが、同じように日本国家の命令で生命を賭して戦争に参加した軍人軍属のなかから、自らの意思ではなく戸籍を失ったものを除外する根拠は示されない。

朝鮮人傷痍軍人は国籍を失ったこの日から支給を打ち切られ、生活の糧を失った。先に述べたように、朝鮮人戦犯は国籍を失い日本国民ではなくなったにもかかわらず、サンフランシスコ講和条約上の「日本国民」として引き続き拘留され、釈放されなかった。一方では事案発生時に国籍があったから国籍を失った現在も事実上日本国民とし、他方では事案発生時に国籍があっても現在は国籍を失ったから日本国民とは扱わないとする。このあからさまな矛盾を日本政府はどう説明するのであろう。

朝鮮人ＢＣ級戦犯たちはこの矛盾を体現する。彼らは国籍を失ったにもかかわらず引き続き拘留される一方、同じ巣鴨刑務所に拘置されている日本人が１９５３年恩給法以降は恩給を受給したのに対し、彼らは国籍を失ったがゆえに、それを受け取ることはできなかった。そして釈放時には何の経済的補償もなく、文字通り着の身着のまま路頭に抛り出されたのである。

シベリア抑留から日本に帰還した朝鮮人軍人軍属も、先に触れたように、日本人帰還者に支給された特別給付金を、その国籍条項によって、受け取ることができなかった。

なぜ日本だけが、戦争犠牲者だけを、援護から外国人を排除するのだろう

「戦争犠牲者援護立法」には、戦傷病者・戦没者・未帰還者・引揚者それぞれに対し13の援護立法がなされているが、そのすべてに国籍条項、もしくは国籍要件があって、朝鮮人・台湾人の軍人軍属が排除されている。これは国際的には極めて異例である。外務省の調査では、アメリカ・イギリス・フランス・イタリア・西ドイツ（当時）の5か国は、いずれも外国人元兵士に対して自国民とほぼ同様の一時金または年金を支給しているという。

日本では長く社会保障関係にも国籍条項が設けられていたが、「国際人権規約」や難民条約の

受け入れにあたって、「内外人平等の原則」に従って、今日では国籍条項はなくなった。児童手当や国民年金における国籍条項はいずれも撤廃された。にもかかわらず、戦争犠牲者援護立法には依然として残されてきた。

国連人権委員会は、１９８９年、セネガル人元フランス兵の年金支給に対する取扱いがフランス人より不平等で、国連人権規約に違反する、との申立てを容認した。その時の論理は「国籍の変更はそれ自体別異の取り扱いを正当化する根拠とはなりえない…年金支給の根拠は軍務を提供したことにあるのであり…提供した軍務は同じであるからである」とした。この論理は日本の戦争犠牲者援護立法にもそのまま当てはまる。日本政府はその排除を正当化する論理を明らかにしたことはない。

韓国・朝鮮人元軍人軍属たちの運動

こうした状況に置かれた韓国・朝鮮人元軍人軍属たちは、それぞれに集まり、相互扶助と運動のための組織を結成した。傷痍軍人は「元日本軍在日韓国人傷痍軍人会」、韓国・朝鮮人ＢＣ級戦犯は「同進会」、シベリア抑留者は「朔風会」と。運動は、役所への申請書等の提出、政府・行政機関への要請、街頭宣伝・デモが行われ、時には警察と揉めあうようなことまであった。

こうした運動の一つの成果として、韓国・朝鮮人傷痍軍人に対して、１９６２年、厚生省は「自分の意志ではなく国籍を失ったもの」には「帰化」をすれば援護の対象とするとの通知を出した。1964年、15人の韓国・朝鮮人傷痍軍人が「帰化」し、援護の対象となった。しかし、この通知も、1965年の日韓基本条約発効後は対象にならないとした。わずか2年余りの効力でしかなかった。事実、日韓条約以後の国籍取得であるとして援護の対象とならなかった人もいた。

この理屈立てにもいくつかの疑問を禁じ得ない。国籍がないから援護の対象としなかったのであって、国籍のあるものは自動的に援護の対象になって当然である。国籍を失った理由はどう関係するのであろう。日韓条約以前であろうと以後であろうと、日本国籍を有する日本人に変わりはない。日韓条約以前と以後で日本国籍にどのような違いがあるのだろう。15人の人々が援護の対象となったこと自体はよかったといえるとしても、厚生省のこの措置は、あまりに非人道的という批判への一時しのぎの弥縫策にしか見えない。

シベリア抑留者組織の「朔風会」は日本人の抑留者団体「全国抑留者補償協議会（全抑留）」と協力して政府との交渉を続けていった。全抑留の粘り強い運動の結果、2010年、民主党政権のもとで「戦後強制抑留者に対する特別給付金に支給に関する法律」いわゆる「シベリア特措法」が成立し、生存者に対して拘留期間に応じて一人当たり25万円から150万円を「特別給付金」として支給することになった。しかしここでも、一緒に運動を進めてきた韓国・朝鮮人抑留者は排除された。与党民主党は前向きであったが、政府部内に慎重意見があり、除外された。

韓国・朝鮮人元ＢＣ級戦犯「同進会」は、補償や謝罪要求が困難な中で遺骨返還を重点に国会請願などの運動を続けていった。１９７９年、遺骨返還の請願は衆議院で採択され、１９８２年、７柱の遺骨が韓国に返還され、身元不明の５柱が東京目黒の祐天寺に安置された。

補償要求の訴訟と高裁判決

１９８０年代から日本の市民グループ・弁護士たちがアジアの戦後補償問題への取り組みを強め、90年代にはいくつかの裁判を提訴、２０１２年7月段階までに90件に及んでいる。そうした運動の中で韓国・朝鮮人元軍人軍属の人たちも10件の訴訟を起こした。在日韓国・朝鮮人への援護法適用にかかわる訴訟が4件、韓国人ＢＣ級戦犯補償にかかわる訴訟が2件、シベリア抑留韓国人への補償に関する訴訟が2件、靖国神社合祀にかかわる訴訟とアジア太平洋戦争における韓国人犠牲者保障がそれぞれ1件である。あとの２件は韓国在住遺族による東京地裁への提訴であった。これらの訴訟はすべて最高裁まで争われたが、棄却に終わっている。

しかしながら、援護法の適用・障害年金受給にかかわる韓国人元軍人軍属の訴訟において、１９９８年、１９９９年東京高裁、大阪高裁は「援護法が違法とは言えないが、原告の韓国籍傷痍軍人軍属が著しい不利益に置かれており、裁判に訴える心情について理解できるし、是正のために立法府が措置すべき」との判決付言を相次いで出した。これを受けて国会では１９９９年、野中広務官房長官が「新世紀を迎えるにあたって何としてもこういう問題を解決したい」と発言、２０００年、在日韓国・朝鮮人・台湾人傷痍軍人軍属とその遺族に弔慰金を支給する特別立法が成立した。２００１年から3年間の時限で、戦没者・戦傷病者遺族に２６０万円の「弔慰金」、裁判原告に４００万円の「見舞金」「特別給付金」が支給された。この時弔慰金等を支給されたのは、韓国・朝鮮籍３２８人・帰化者83人・中国（台湾）籍３人、合計４１４人であった。原告の一人で「元日本軍在日韓国人傷痍軍人会」会長も務めた石成基《ソクソンギ》さんはこのとき80歳、１９４４年に軍属として送られたマーシャル島で被弾、右腕をなくした傷痍軍人であった。石成基さんが受け取った金額は４００万円、おなじ障害程度の日本人傷痍軍人が受け取った金額は１９９４年3月時点までで５７７７万円だったという。問題解決には遠いが、国籍差別を長期間放置してきたことを司法が認め、立法府にその是正を勧告し、立法府が一定の対応をしたという事実は重要である。

韓国在住元軍人軍属への支援

日本と韓国の国交は１９５１年から交渉が始まり、１９６５年締結・発効に至った。この交渉の中で、韓国は日本に対し、旧日本軍朝鮮人軍人軍属36万５０００人のうち負傷・死亡者が８万３０００人存在するとし、彼らへの個人補償を求めた。しかしながら日本政府は応じず、朴正煕政権の韓国政府は日本からの「経済協力金」の一部で支援することとした。１９７５年から3年間の時限立法で、軍人軍属の遺族８５５２人に一人当たり30万ウオン（約19万円）が支払われた。日本政府の発表でも戦死した軍人軍属は2万２０００人であることに比べて、支給対象は少なく、その額もわずかなものであった。生存して復員帰国した人たちは、傷痍軍人を含めて何の支援もなかった。

この政府の進め方に反対する元軍人軍属、遺族たちの運動も行われた。この遺族たちの組織「太平洋戦争犠牲者遺族会」は日本政府へ補償要求し、２００１年、２５２人の遺族たちが靖国合祀取り下げ・遺骨返還・損害賠償請求訴訟を東京地裁に起こした。訴訟は生死確認、未払金の返還、ＢＣ級戦犯に係る損害賠償、シベリア抑留に係る損害賠償も含む包括的な請求趣旨であり、その後の追加提訴を含め、原告４１４人という大規模な訴訟となった。マスコミでも取り上げられ、日本でも「在韓軍人軍属（GUNGUN）裁判に要求を実現する会」という市民組織がこの運動を支援してきている。裁判は１９９６年、最高裁で棄却され、要求の実現には至らなかったが、運動はなお続けられている。

韓国内で旧日本軍に徴用された元軍人軍属に光が当てられるようになったのは２００４年からであった。盧《ノ》武《ム》鉉《ヒョン》政権のもとで、韓国国会は２００４年、「日帝強占下強制動員被害真相究明等に関する特別法」を議決、国務院総理直属の国家機関として「日帝強占下強制動員被害真相究明委員会」を立ち上げた。ここで、軍事徴用された元軍人軍属も、徴用工・日本軍「慰安婦」とともに強制動員の被害者として支援・援護の対象となった。ここに、BC級戦犯・シベリア抑留者もその対象に公的に認定されることとなった。

韓国政府は2007年、「太平洋戦争前後国外強制動員被害者等支援に関する法律」を制定し、翌2008年施行した。強制動員被害者の調査、支援の特別立法を行い、2014年には「日帝強制動員被害者支援財団」を設立、軍人軍属・徴用工・日本軍「慰安婦」といった動員被害者・遺族への支援を行ってきている。財団の主要事業としては遺族への支援金支給、追悼事業、学術研究、遺骨発掘・帰還事業などがある。2018年以降、韓国大法院での徴用裁判での原告勝訴からは、日本企業に代わって韓国政府の代位弁済の機関となっている。

日韓請求権協定で韓国民の請求権は放棄されたのか？

日本政府が補償を拒否し、多くの裁判で原告が敗訴した根拠は「日韓基本条約」にともなって締結された特別協定「日韓請求権協定」にある。この日韓請求権協定はその第1条で、日本政府は韓国に対して無償で3億ドル、有償で2億ドルを生産物及び役務で支払うこと、第2条で日韓両国民がそれぞれの国に持つ財産・権利・利益に関する請求権に関する問題が「完全かつ最終的」に解決したと定めた。この第2条の規定で韓国民の補償請求はできなくなった、というわけである。

しかし重要なことは、ここで両国政府が放棄したのは国民が持つ請求権そのものではなく、その請求権を保護する外交保護権である、ということである。それぞれの国にある他方の国の国民の財産・権利・利益に対してどのような措置をとるかはそれぞれの国が国内法で対応することになり、日本政府は「法律１４４号」を制定し、日本国内にある韓国人の請求権を消滅させた。韓国民の奪われた命、障害、過酷な労働、多くの人権侵害等に対する経済的補償は、日本の国内法によって一切できないことになった。韓国政府はそれを、５億ドルの無償有償のお金を受け取ったことで容認することになった。つまり、韓国民が持つ請求権に関して問題が解決したのは日本と韓国の国家間の関係であり、韓国民と日本政府との間ではない。韓国民の請求権の消失は日本の法律によるものである。したがって、韓国民の請求を拒否する根拠を日韓請求権協定に求めるのは筋違いで、その直接の根拠は日本の法律１１４号にある。したがって、日本政府は、あるいは裁判所はなぜ日本の法律が他国民の権利を失わせることができるのか、その根拠を国際法の現段階での到達点に立って、明らかにする必要がある。２０００年に韓国人傷痍軍人軍属に対して弔慰金・見舞金を支給する特別立法がなされたことにみられるように、明らかな人権侵害や人道にもとる状況にある場合、それを回復する措置をとることは当然のことであり、日本政府としても対応せざるを得ない。そして人権や人道上の内容や基準は歴史的に変化していくのであって、決して「完全かつ最終的」に解決できるというものではない。問題は国家間にあるのではなく、一人一人の個人の人権の問題なのである。

2018年以降相次ぐ元徴用工の日本企業に対する損害賠償請求への韓国大法院判決は、日本の植民地支配は違法であって、この違法性を前提にした請求権の放棄については合意されておらず、「日韓請求権協定」の範囲を超える、とした。日本政府はこれに抗議し、外交問題にまで発展した。尹錫悦《ユンソンニョル》政権が韓国政府による賠償金の代弁支払いをすることで、当面の外交的危機は乗り越えたように見えるが、大法院判決は重い。植民地支配の被害をどう補償していくかは国際的にも問題となっており、今後も議論が続いていく。

5．遺骨収集、返還と慰霊

帰郷できない遺骨

２万２０００人に上る戦没した朝鮮人軍人軍属の遺骨をその家族の下に戻すことは日本政府の大きな責任である。１９４８年に７２００余りの遺骨を韓国に返還、厚生省倉庫に保管していた２３２６柱を１９７１年に東京目黒にある祐天寺に移管・安置した。その後の返還交渉を含め総計で２０１０年までに９２５９柱が韓国に返還された。２０２４年現在、祐天寺に保管されている遺骨は７００柱、うち韓国出身者は２７５柱、他の４２５柱が一部の不明を除いて北朝鮮出身者となっている。それ以外に、祐天寺には浮島丸の殉難者２８０柱の遺骨が保管されている。返還交渉は２０１０年代、安倍・文政権以降中断されている。遺骨返還交渉の再開については全く動きがみられない。

日中戦争から太平洋戦争を通じて海外での日本の戦没者は２４０万人に上る。遺骨が収集されていないものが１２８万。その中で収集可能とみられている遺骨は59万柱であり、この中には朝鮮人・台湾人の軍人軍属の遺骨が含まれている。現在も各地で調査・収集・返還事業が続けられているが、南方での収集は年々困難になってきており、現在の調査収集はシベリアが中心になっている。２０２４年2月、東京新聞は南太平洋のタラワ島でアメリカによって収集された遺骨が韓国の81歳になる息子のもとに返還されたというニュースを報じている。朝鮮人軍属も玉砕したタラワ島である。韓国で行われたその慰霊の場に日本大使の姿はなかったという。

北朝鮮出身者の遺骨返還は全く手が付けられないままに来ている。日朝国交正常化交渉や拉致問題をめぐる交渉においても議論されることはなかったまま、現在では交渉自体が中断されてしまっている。

戦後80年を経て遺族も高齢化し、世代も交替する中で、すべての遺骨を家族のもとに返すことは不可能な事態が迫りつつある。家族に返還するまで一時的に預かる、という前提が成り立たなくなってきており、将来的にどのようにするかの決断が迫られている。

韓国・朝鮮人戦没者をだれが追悼・慰霊するのか

日本政府は8月15日「終戦」の日に、この日を「戦没者を追悼し平和を祈念する日」として制定した１９７２年以降、「全国戦没者追悼式」を日本武道館で天皇皇后両陛下参列のもと、毎年開催している。「戦没者」という表現は戦死者と民間人犠牲者の総計としての戦争犠牲者のことで、日本の犠牲者を３１０万人としている。うち、軍人軍属等戦争で亡くなった戦死者は２３０万人、民間犠牲者は外地30万人、内地50万となっている。

この数字の中に、朝鮮人・台湾人の軍人軍属、また、当時日本に在住していた日本籍の朝鮮人台湾人は入っているのだろうか。国籍についての記述は、外地民間犠牲者が「一般邦人」となっている以外はなく、おそらく入っているものと推測される。とすれば、この「全国戦没者追悼式」の追悼の対象にこれら朝鮮台湾出身者は入っているのだろうか。この式に政府は毎年遺族を招待しているが、朝鮮人台湾人軍人軍属の遺族を招待したことがあるだろうか。

靖国神社は朝鮮人軍軍属2万2０００人を合祀している。その氏名は厚生省から提供されたものである。靖国神社合祀は遺族や帰還者にとっては許容できるものではなく、２００1年以来3回にわたって訴訟が提起された。過去2回はいずれも原告敗訴であった。靖国神社もこれを拒否している。

２０２5年1月17日、最高裁は3回目の韓国人遺族による靖国神社合祀取り消し・損害賠償請求の提訴を上告棄却とした。上告棄却の理由は、事案発生時、靖国神社合祀が１９５9年であり、民法上の20年という除斥期間が経過していることによるもので、その期間を考慮に入れるほどの人権侵害ではないとしたのである。

4人の裁判官のうちの1人、三浦守判事が少数意見として次のような見解を明らかにしている。第一に、個人が亡くなった近親者を追悼することは人間としての基本的な精神的営みであり、正当な理由なく公権力によって妨げられることのない人格的利益である。国家が政教分離の憲法の規定に違反して私人の宗教行為を援助するなどの宗教活動によってその人格的権利が害された場合、その法的利害が侵害されたと考えられる。第二に、靖国神社における合祀は国事に殉じたものを祭神としてまつる宗教行為であり、そのような合祀を望まない遺族にとって基本的な精神的営みに影響をもたらすものである。さらに、日本と朝鮮との歴史的関係、合祀者が戦死するに至った経緯、戦前における靖国神社の役割等に鑑み、原告の主張には相応の理由がある。第三に、原告は合祀そのものを知らされておらず、認識していないのだから、除斥期間が進行したというのは著しく酷であり不合理である。

ここには靖国合祀をめぐる問題点が明快に述べられている。さらに付加するならば、靖国神社は「戦争被害者を追悼する場」ではないのである。それは「国家と天皇ために命をささげた英雄の霊を顕彰する」ためのものであり、戦時動員の国家装置に他ならない。敗戦によって戦争を放棄し、個人の人権を広く認め、政教分離を規定し、靖国神社を私的な一民間法人としたにもかかわらず、日本政府はこの一私人に対して戦没者の名簿を提供し、殉職自衛官の名前を通知する。戦前の軍事動員体制を維持しているとの批判は免れない。

千鳥ヶ淵戦没者墓苑には姓名がわからないなどの理由で遺族に返せなかった遺骨36万柱が納められている。この中に朝鮮人・台湾人の軍人軍属の遺骨も含まれていることは当然推測される。韓国人遺族たちは日本政府に対して、この千鳥ヶ淵の墓苑に朝鮮人軍人軍属の慰霊をする記念碑を建立することを求めたが、拒否されている。

戦没者の追悼・慰霊に対する国の責任はどう考えられるのだろう。戦争の犠牲者に対する補償は、犯罪や事故・災害などの被害者救済の事例を見てもわかるように、物質的経済的補償と精神的補償・慰霊が一対のものである、と考えられる

日本の戦後補償への国家責任については4つの考え方があった。その第一は、戦争の被害は国民すべてが耐えるべきで、一般の保護支援の施策で行うべきとの考え方で、戦争直後GHQはこの考え方に立って、軍人恩給など軍人軍属への特別の施策を廃止した。第二に、国家と雇用関係のあった軍人軍属への補償は国家の責任とするもので、日本政府はこの立場から軍人恩給を復活し「援護法」を制定した。第三に、すべての戦争被害者に国家補償すべきという考え方で、東京大空襲や名古屋空襲の被害者遺族が「民間人と軍人との法の下での平等」を訴えて提訴した立場である。第四に、被侵略国や植民地など特別の被害を受けた犠牲者に個人補償をすべきという考え方で、過去の植民地支配を問い直す近年の国際的な運動の中でこの主張が強まっている。オーストラリア・オランダ・イギリスなど連合国捕虜への個人補償を行った日本政府も、部分的にはこの立場にあるといえる。

これは直接には経済的補償に関してだが、精神的補償についても同様に考えることができる。第一の立場からは戦争被害者を他の被害者と同じように追悼することになり、例えば、東京大空襲被害者と関東大震災の被害者を共にまつろうとしたGHQの構想などにみられる。第二の立

場は、多くの国で見られる戦没者専用の国立墓地と国家行事としての追悼行事である。そこでは戦死者を英雄として、国家のために命をささげることを美しい物語とする。これは敗戦国日本ではできないもので、国主催の全国戦没者追悼式では民間犠牲者も含み、戦争への評価を避けつつ、平和祈願の場として位置づけられる。第三の立場は、広島・長崎の原爆死没者慰霊碑とその前での平和記念式典、沖縄の「平和の礎」などである。平和の礎は沖縄で戦死した、日本軍人・沖縄の民間人・朝鮮人・台湾人・英米人など、敵味方のすべての名前を刻み悼む。広島、沖縄等の追悼式典は地方自治体の主催であり首相も出席する公的なものである。第四は、この沖縄の平和の礎への刻銘を拒否する韓国・朝鮮の遺族などが取る立場である。

日本各地には「徴用工」などの遺骨が散在しており、寺院や市民団体によって収容・納骨され、慰霊の活動が続けられている。朝鮮人強制連行真相調査団が２０１８年に発行した資料集『朝鮮人犠牲者追悼碑～歴史の真実を深く記憶に』によると、18年現在、確認されているだけでも35都道府県に１７０余の追悼碑、追慕塔、祈念碑、墓などあらゆる形態の追悼碑が存在する。多くは徴用工など労務動員された朝鮮人である。高麗寺の「日韓友好平和之塔」は稀な軍人軍属を含む慰霊塔である。しかし、慰霊祭は第1回から植民地統治下のすべての朝鮮半島出身殉難者を追悼の対象としており、その意味では、広島や沖縄のような第三の立場に立っているといえる。

２０２３年秋、東京の韓国大使館でお会いした尹徳敏《ユンドクミン》駐日大使は「日本の市民の活動に心から

高麗寺「日韓友好平和之塔」2024年10月第41回慰霊大祭

感謝している」と述べられた。ここに「真の友好」の希望を見る。

高麗寺と「日韓友好平和之塔」、遺骨の移管

韓国仏教曹渓宗で総長も務めた釈泰然《ソクテヨン》師は１９６８年、仏教視察団として来日、そこで厚生省地下倉庫に段ボールに詰め込められて山積みになっていた旧日本軍朝鮮人軍人軍属の遺骨を見て驚愕し、遺骨の帰還、慰霊を終生の事業とすることを決意した。１９７８年、京都府南山城村に、在日韓国人仏教徒の熱心な支援を受けて高麗寺を建立する。高麗寺は飛鳥時代に朝鮮半島から仏教を伝来するために建てられた寺で、隣接する木津川市に遺跡がある。

釈泰然師は、遺骨の帰還・慰霊の取り組みとしてまず高麗寺境内に慰霊塔を建立する事業か

ら始める。1981年、延暦寺と京都国際会議場で開かれた第1回日韓仏教徒親善大会で「韓国人慰霊塔建立」が決議される。これは1983年、ソウルで開かれた第2回大会でも確認された。これを受けて、「日韓友好平和之塔」建設委員会が設立された。会長は仏教徒で大阪の実業家三木政楠、副会長は釈泰然師。事業費3億円の募金活動を始めることとなった。この委員会には名誉顧問・顧問等として多くの著名人が支援者に組織された。そこには、福田赳夫元総理、藤波孝生官房長官（当時）、渡辺美智雄元大蔵大臣、安井謙元参議院議長、春日一幸元民社党委員長など保守系政治家、出口常順四天王寺管長、山田恵諦延暦寺座主、森寛紹高野山真言宗管長など仏教界の中心的な人々、右翼の大物として知られていた笹川良一も名誉会長として名前を連ねている。

三木政楠会長が私財1億円を寄付したことで事業は本格化し、1984年「日韓友好平和之塔」は完成、10月、除幕式と第1回慰霊祭が開催される。この式典には韓国から国会議員を含む200名、全体で1000名が参列した。中曽根康弘首相、レーガンアメリカ大統領、陣毅鐘韓国国務総理らからのメッセージが寄せられた。

次にすすめた事業は、厚生省地下倉庫から東京目黒の祐天寺に移管されていた朝鮮人軍人軍属の遺骨1140柱を民族寺院高麗寺に納骨、民族にふさわしい慰霊を行うことであった。日韓友好市民団体などとともに厚生省、国会議員への請願を繰り返し、日韓議員連盟からは厚生大臣あての要望も出された。祐天寺住職も、民族寺院高麗寺に移管するのが望ましいとの請願書を厚生省に出した。厚生省課長の、高麗寺を祐天寺の分院とするのであればありうる、との発言があり、直ちに高麗寺を祐天寺の分院として、１９８７年8月、１１３６柱の遺骨を高麗寺「日韓友好平和之塔」基壇にある納骨堂に納めた。9月には追悼法要が開かれ、韓国側出席者も含めて５００名が参列した。しかし、その直後祐天寺住職は辞任、祐天寺から遺骨返還の要望が出され、朝鮮総連、朝鮮仏教徒連盟からも抗議を受けて、厚生省は高麗寺に返還を要求、遺骨は10月、祐天寺に返還され今日に至っている。高麗寺にはその氏名を記した１１３６本の木製の標柱が納められている。

出発時に名を連ねた多くの保守系政治家たちは、おそらくは、軍人への補償は国家の責任とする立場から賛同されたのであろう。しかし、慰霊祭は第1回から植民地統治下のすべての朝鮮半島出身殉難者を追悼の対象としており、その意味では、広島や沖縄のようなすべての戦争被害者を同じように追悼するべきとの立場に立っているといえる。すでにこうした保守系政治家たちの名は無く、当初の任意団体「日韓友好平和之塔を守る会」、今日の特定非営利活動法人「ニッポンコリア友好平和協議会」として日韓の仏教関係者、市民、南山城村住民によって支えられてきている。

むすび

２０２５年は戦後80年、日韓条約締結から60年である。これほどの年数がたっているにもかかわらず、日本と韓国の両国関係は不安定である。ましてや、朝鮮民主主義人民共和国との平和条約・国交正常化など全く見通しがない。日本と韓国の関係がいつまでも不安定なのは、政府間の、そしてその背景にある国民の歴史認識、具体的には36年に及ぶ朝鮮の植民地統治の評価の違いが要因である。歴史認識は歴的事実の確認を超えた政治的イデオロギー的解釈であり、その一致は困難である。しかしながら、戦没した旧日本軍朝鮮人軍人軍属の追悼・慰霊については、立場やイデオロギーを超えて、それ自体としては一致できる課題であろう。だれもが戦没者の慰霊には、論理を超えて、心を寄せる。

国家と雇用関係のあった軍人軍属への補償は物質的経済的補償にとどまらず、精神的な補償にも及ぶ。そこには経済補償のような「国籍」による差別などありようがない。とするならば、国として旧日本軍朝鮮人・台湾人軍人軍属戦没者への追悼・慰霊の場を設けることがその第一歩になるであろう。２００２年、内閣官房長官（福田康夫）の私的諮問機関である「追悼・平和祈念のための記念碑等施設の在り方を考える懇談会」はその報告書で追悼の対象に日本の軍人軍属だけでなく、民間人、外国人の犠牲者まで拡大することを提言している。実現には至らなかったが、重要な出発点として引き続き検討すべきである。

もちろん、政府だけの問題ではなく、その基盤には市民の共同した取り組みがなければならないし、多くの国民の支持がなければいけない。哲学者高橋哲哉は、政府が戦争責任を果たし、憲法9条を順守することがなければ国による追悼施設は第二の靖国神社となりかねない、と批判する。国による追悼は戦争を否定し、平和を創るプロセスの一環でなければならない。それは行政的なものではなく、市民の参加によってしか実現できない。

旧日本軍に多くの朝鮮人軍人軍属が存在し、多大な犠牲を払っていたことを日本の国民の多くは知らない。歴史に埋められ、陽の当てられなかった歴史的事実に光を当て、市民的国民的常識にしていくことがその出発となろう。

参考文献（発行年順）

朴慶植《パクキョンシク》『朝鮮人強制連行の記録』未来社、１９６５年

藤原　彰「日本軍と朝鮮人」『季刊三千里』14、１９７８年

内海愛子『朝鮮人ＢＣ級戦犯の記録』勁草書房、１９８２年（岩波現代文庫、２０１５年）

宮田節子『朝鮮民衆と『皇民化』政策』未来社、１９８５年

高麗寺『太平洋戦争・強制徴用・無縁故遺骨・慰霊資料集』韓国文化院、１９８９年

樋口雄一『皇軍兵士にされた朝鮮人―15年戦争下の総動員体制の研究』社会評論社、１９９１年

戦後補償問題研究会編『在日韓国・朝鮮人の戦後補償』明石書店、１９９１年

内海愛子『朝鮮人〈皇軍〉兵士たちの戦争』岩波ブックレット№２２６、１９９１年

李佳炯《イガヒョン》『怒りの河―ビルマ戦線狼山砲第二大隊朝鮮人学徒志願兵の記録』連合出版、１９９５年

林えいだい『忘れられた朝鮮人皇軍兵士―シベリア脱走記』梓書院、１９９５年

林えいだい『朝鮮人皇軍兵士―ニューギニア戦の特別志願兵』柘植書房、１９９５年

姜徳相《カンドクサン》『朝鮮人学徒出陣―もう一つのわだつみのこえ』岩波書店、１９９７年

内海愛子『戦後補償から考える日本とアジア』山川出版社日本史リブレット68、２００２年

高橋哲哉『靖国問題』ちくま新書、２００５年

裵淵弘《ペヨンホン》『朝鮮人特攻隊―『日本人』として死んだ英霊たち』新潮新書、２００９年

外村 大『朝鮮人強制連行』岩波新書、２０１２年

竹内康人『戦時朝鮮人強制労働調査資料集２―名簿・未払金・動員数・遺骨・過去清算』神戸学生青年センター出版部、２０１２年

田中宏・中山武敏・有光健『未解決の戦後補償』創史社、２０１２年

田中 宏「在日の戦後補償問題」『季刊戦争責任研究』第80号、２０１３年

北原道子『北方部隊の朝鮮人兵士―日本陸軍に動員された植民地の若者たち』現代企画室、２０１４年

中山武敏・松岡肇・有光健『未解決の戦後補償Ⅱ―戦後70年・残される課題』創史社、２０１５年

文京洙《ムンギョンス》『新・韓国現代史』岩波新書、２０１５年

竹内康人「朝鮮人軍人軍属の強制動員数―37万人以上の動員と消された氏名不明の13万人」『大原社会問題研究所雑誌』№686、2015年12月

姜尚中《カンサンジュン》・玄武岩《ヒョンムアム》『大日本・満州帝国の遺産』講談社学術文庫、２０１６年

吉田 裕『日本軍兵士―アジア太平洋戦争の現実』中公新書、２０１７年

菊池英昭『旧日本軍朝鮮半島出身軍人・軍属死亡者名簿』新幹社、２０１７年

資料集『朝鮮人犠牲者追悼碑―歴史の真実を深く記憶に』朝鮮人強制連行真相調査団資料集『朝鮮人犠牲者追悼碑』制作委員会、２０１８年

立命館大学コリア研究センター『コリア研究第10号』２０１９年

参考文献

赤澤史郎「戦後日本における戦没者の『慰霊』と追悼」『立命館大学人文科学研究所紀要』82号、２０２０年
権《クォン》 学俊《ハクチュン》『朝鮮人特攻隊員の表象―歴史と記憶のはざまで』法政大学出版局、２０２２年
金孝淳《キムヒョスン》・渡辺直紀訳『朝鮮人シベリア抑留』東京外国語大学出版部、２０２３年
「特別寄稿〈ＮＰＯ法人ニッポンコリア友好平和協議会〉第40回世界平和祈願コリア半島出身殉難者慰霊大祭（日本曹溪宗総本山高麗寺平和之塔広場）」『KOREAN TODAY』ANC 社、２０２３年11月
麻田雅文『日ソ戦争』中公新書、２０２４年

朝鮮人軍人軍属関連年表

1910　大日本帝国、大韓帝国を植民地化（「韓国併合」）
1919　3・1独立運動
1920　間島事件
1929　「ジュネーブ条約」（捕虜に対する保護や人道的な取扱い、捕虜の権利等を規定した国際条約）締結（日本は1934年に調印したが批准せず）
1931　柳条湖事件、満州事変
1932　「満州国」建国宣言
　　　上海事変、朝鮮人軍属の初めての軍事動員
1937　盧溝橋事件、日中戦争へ
1938　陸軍特別志願兵令公布、朝鮮人の軍人としての動員始まる
　　　「国家総動員法」「国民徴用令」施行、法令による朝鮮人軍属・労働者の徴用始まる
1940　創氏改名・皇民化教育
1941　アジア太平洋戦争へ
1942　朝鮮人軍属を俘虜収容所監視員としてタイ・マレーシア・ジャワに派遣
1943　ガダルカナル島撤退

「海軍特別志願兵制度」実施
陸軍省令第48号「陸軍特別志願兵臨時採用規則」公布。朝鮮人・台湾人学生を対象として特別志願兵募集
1944 学生・生徒への徴兵猶予停止、学徒動員へ
タマラ・マキン両島の朝鮮人軍人・軍属を含む日本軍守備隊全滅
インパール作戦
日本本土空襲
神風特攻隊出撃
1945 硫黄島守備隊全滅
沖縄で地上戦（6月）
広島・長崎原爆投下（8月）
ソ連参戦、南樺太地上戦、シベリア抑留へ（8月）
日本無条件降伏、占領軍統治下に。朝鮮半島、植民地から解放、米ソによる南北分割占領へ
1946 「恩給法の特例に関する件」によって、重度の戦傷病者を除いて、軍人恩給全面停止
1948 済州島4・3事件
大韓民国樹立、朝鮮民主主義人民共和国樹立

1950　シベリア抑留朝鮮人帰還
朝鮮戦争勃発
1952　警察予備隊設置（52保安隊、54自衛隊）
「サンフランシスコ平和条約」発効、日本施政権復活、朝鮮人・台湾人日本国籍喪失
「戦傷病者戦没者遺族等援護法」制定、朝鮮人・台湾人排除
1953　朝鮮戦争休戦協定
「軍人恩給」復活
1955　韓国出身戦犯者「同進会」結成。日本政府に、早期釈放・生活保障・刑死者の遺骨送還等を求める
1960　韓国軍事クーデター、朴正熙独裁政権へ
1965　「日韓基本条約」「日韓請求権協定」締結。日韓国交樹立
1975　韓国政府、旧日本軍軍人・軍属の一部に支援金30万ウオン支給
1991　金学順《キムハクスン》、日本軍「慰安婦」とされていたことを公表
1993　「河野談話（慰安婦関係調査結果発表に関する河野内閣官房長官談話）」発表
1995　「歴史を教訓に平和への決意を新たにする決議」（戦後50年国会決議）
「村山談話（戦後50周年の終戦記念日にあたって）」発表
2000　日本政府、「平和条約国籍離脱者等である戦没者遺族に対する弔慰金等の支給に関する

法律」公布、在日外国籍傷痍軍人軍属、遺族に弔慰金・見舞金支給
「日本軍性奴隷制を裁く女性国際戦犯法廷」

2002 日朝首脳会談「日朝平壌宣言」

2004 韓国政府、「日帝強占下強制動員被害者真相究明等に関する特別法」公布（−2010）、被害者調査へ

2006 韓国政府、韓国・朝鮮人元BC級戦犯を「強制動員被害者」と認定
韓国政府、「親日反民族行為真相究明委員会」設置

2007 韓国政府、「太平洋戦争前後国外強制動員被害者等支援に関する法律」制定

2008 韓国人および台湾人BC級戦犯者を対象とした初めての法案「特定連合国裁判被拘禁者等に対する特別給付金支給法案」を民主党提出

2014 韓国政府、「日帝強制動員被害者支援財団」設立

2015 日韓外相会談で慰安婦問題日韓「合意」

2016 ソウルで開催の日韓・韓日議員連盟総会において、韓国人元BC級戦犯者問題の早期解決が声明に盛り込まれる（河村建夫幹事長、姜昌一《カンチャンイル》幹事長名）

2023 元徴用工訴訟問題、韓国大法院（最高裁）判決で確定した被告の日本企業の賠償を韓国の財団が肩代わりする解決策を発表

川口清史（かわぐち・きよふみ）

1945年8月中国吉林省長春市生まれ。京都大学経済学部、同大学院経済学研究科博士課程、博士（経済学）。立命館大学産業社会学部助教授・教授、同政策科学部教授、現在立命館大学名誉教授。2007年～2014年学校法人立命館総長、立命館大学長。2010年～2014年第三期日韓文化交流会議日本側委員長。22015年より特定非営利活動法人ニッポンコリア友好平和協議会会長。主要著書「非営利セクターと協同組合」（1994年日本経済評論社）等。

日本軍朝鮮人兵士　忘れ去られた37万人

2025年4月1日　第1刷

著　者　ⓒ川口清史
発行者　竹村正治
発行所　株式会社　かもがわ出版
〒602-8119　京都市上京区堀川通出水西入
TEL 075-432-2868 FAX 075-432-2869
振替　01010-5-12436
ホームページ　http://www.kamogawa.co.jp
印刷所　シナノ書籍印刷株式会社

ISBN978-4-7803-1370-3　C0036